超簡単30秒！

美やせストレッチ

&エクササイズ

開発社

姿勢が悪い状態のままでトレーニングをしても
美しい体をつくることはできません。
美しく、女性らしい
しなやかな体を手に入れる一番の方法、

それは、正しい姿勢をつくったうえで、
目的に合ったトレーニングを
することです。

心と体は繋がっています。
美しい体を手に入れれば、
あなたの心までも
自信で満たしてくれるでしょう。

超簡単30秒！美やせストレッチ&エクササイズ

目次

第1章 上半身の部位別やせストレッチ

肩まわり

腕まわり

首まわり

第2章 下半身の部位別やせストレッチ

股関節まわり

ももまわり

ふくらはぎ

第3章 体を細くするエクササイズ

第4章 痛みを解消するセルフケア

コラム

本書の使い方

QR コード

スマートフォンやタブレットなどで QR コードを読み込めば、書面で紹介しているストレッチやエクササイズの解説動画を見ることができます。やり方をより深く理解できますので、ぜひ、試してみてください。

ココに効く！

このページのストレッチ／エクササイズが、体のどこに効くかを説明しています。

step1/step2

ストレッチ／エクササイズの手順と説明が書いてあります。

POINT！

ストレッチ／エクササイズをおこなうときに注意すべきポイントが書いてあります。

手順・説明

上記の「step」の手順・説明を写真ごとに細かく分けて書いてあります。

時間や回数

ぜひやってほしいストレッチ／エクササイズの時間や回数が書いてあります。

キレイポジにリセットして、正しい姿勢をつくる

はじめまして。

ｉｎｓｔａｇｒａｍ、ＹｏｕＴｕｂｅで「キレイをつくる」をテーマに、女性らしいしなやかな体、昨日よりも健康でキレイな体になるためのセルフケアを発信している阿部です。

本書を手にとっていただき、ありがとうございます。

「今までいろいろなダイエットにチャレンジしたけど効果がなかった……」

「必死でトレーニングをしたのに理想とは程遠い体に……」

そのようなお悩みが多く、自分の知識でそのお悩みを解消するお手伝いがしたい！

という思いから私の活動は始まりました。

私は、姿勢が整った状態にあることを〝キレイポジ〟と呼んでいます。キレイポジとは体の各部位が、本来あるべきキレイなポジションにある状態のことです。

キレイポジになることのメリットはなんだと思いますか？　それはコチラです。

①可動域が広がり、日常生活動作でのエネルギー消費量がアップ。

↓基礎代謝が上がり、脂肪を燃やしやすい体になる。

②筋肉の硬さ（こり）が解消され、血流がよくなる。

↓老廃物が流れることでむくみが解消され、ボディラインがスッキリする。

では、キレイポジになるためには、何をすればいいのでしょうか？

重要なのは肩甲骨と股関節

キレイポジのキーとなるのが「肩甲骨《けんこうこつ》」と「股関節《こかんせつ》」です。

肩甲骨には、上半身の筋肉が多く付着しているため、これらが硬くなり、肩甲骨の動きが悪くなると、巻き肩や猫背の原因になります。

結果、胸が垂れ下がる／内臓下垂になり、ぽっこりお腹に／脂肪がつきやすくなり、ウエストのくびれがなくなった寸胴体型になってしまいます。

さらに姿勢が悪くなることで、五十肩や首の痛み、腕のしびれ、眼精疲労や頭痛といった上半身の不調も引き起こしてしまいます。

股関節は、上半身と下半身を結ぶ役割を担っています。

この股関節の動きが悪くなると、歩幅がせまくなり、前ももに負担がかかって、ガチガチになるなど、下半身太りの原因になってしまうのです。また、股関節が硬いとひざや足首に負担がかかり、O脚や外反母趾の原因にもなります。

結果、下半身の不調によって動く意欲がなくなり、消費カロリーも減って、やせにくい体になっていきます。

ストレッチでキレイポジをつくり、トレーニングで定着

「肩甲骨」と「股関節」を中心にストレッチをおこない、まず「姿勢を整える」。その状態でトレーニングをすることで、キレイポジが定着されるのです。

激しい食事制限で体調を壊し、不良姿勢での激しいトレーニングで体に痛みが出る……といったお悩みは、「キレイポジ＝正しい姿勢の定着」で全て解消されます。

すでに体に痛みがあってなかなかスタートできない……という人のために、第4章では部位別の痛み解消セルフケアをご紹介しています。

無理せず、できることから始めて美姿勢を目指していきましょう！

整体院『智圭-TOMOKA-』
院長／阿部智昭

患者様の成功体験談

ここでは私の提案するストレッチ&エクササイズを実践してきた患者さんやオンラインサロンに参加してくれた方たちの美やせ成功体験をご紹介していきます。

体験談
その❶

2週間でシルエットが変わってきました

kyoちゃんさん

年齢：20代／身長：158cm

2021年6月

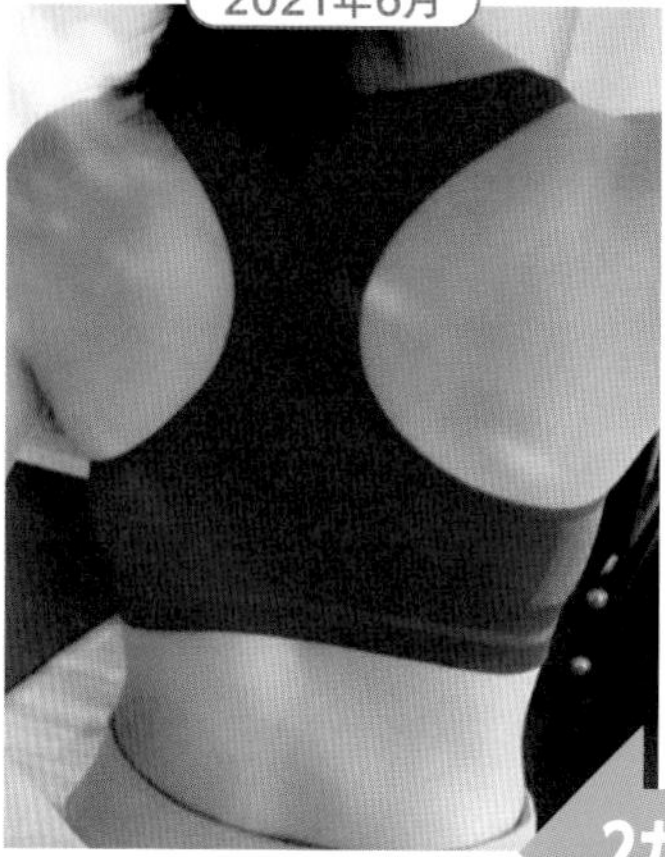

体重：52kg
体脂肪率：23％

2カ月で

2021年4月

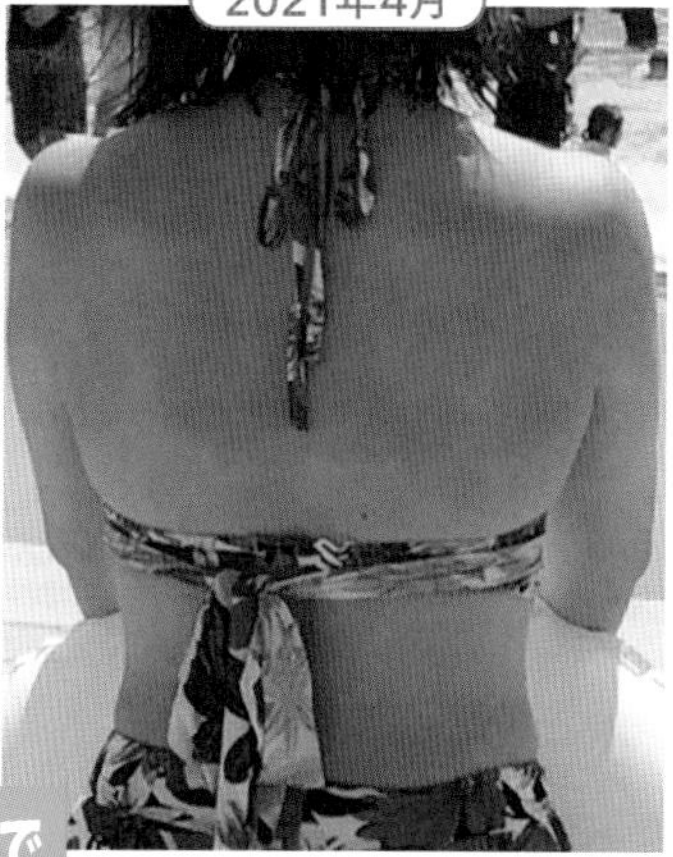

体重：56kg
体脂肪率：28％

体重　-4.0 Kg	体脂肪率　-5.0 %

なで肩で、肩こり、頭痛に悩んでいた私。姿勢が悪く、背中を出すことにも抵抗がありました。そんなとき、阿部先生のインスタに出会いました。肩甲骨、スマホ首を解消するストレッチをやってみたところ、2週間でシルエットが変わってきました。背中まわりの筋肉のなさを実感していたので、さらに阿部先生のトレーニングを1カ月継続。悩みだった姿勢の悪さ、肩こりも解消され、セルフケアの大切さを知り、自分に自信を持つことができました。

体験談
その❷

見た目スッキリ！　4カ月で7キロ減に！

ゆっとんさん

｜年齢：30代／身長：160㎝｜

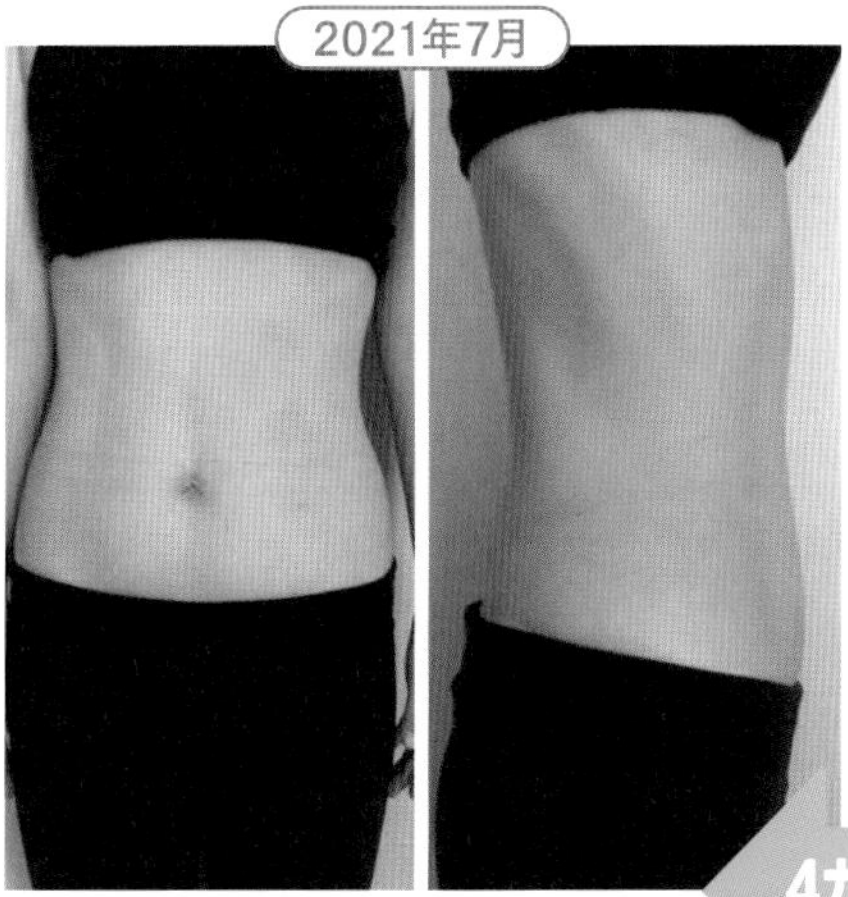

体重：47.1kg
ウエスト：61㎝

4カ月で

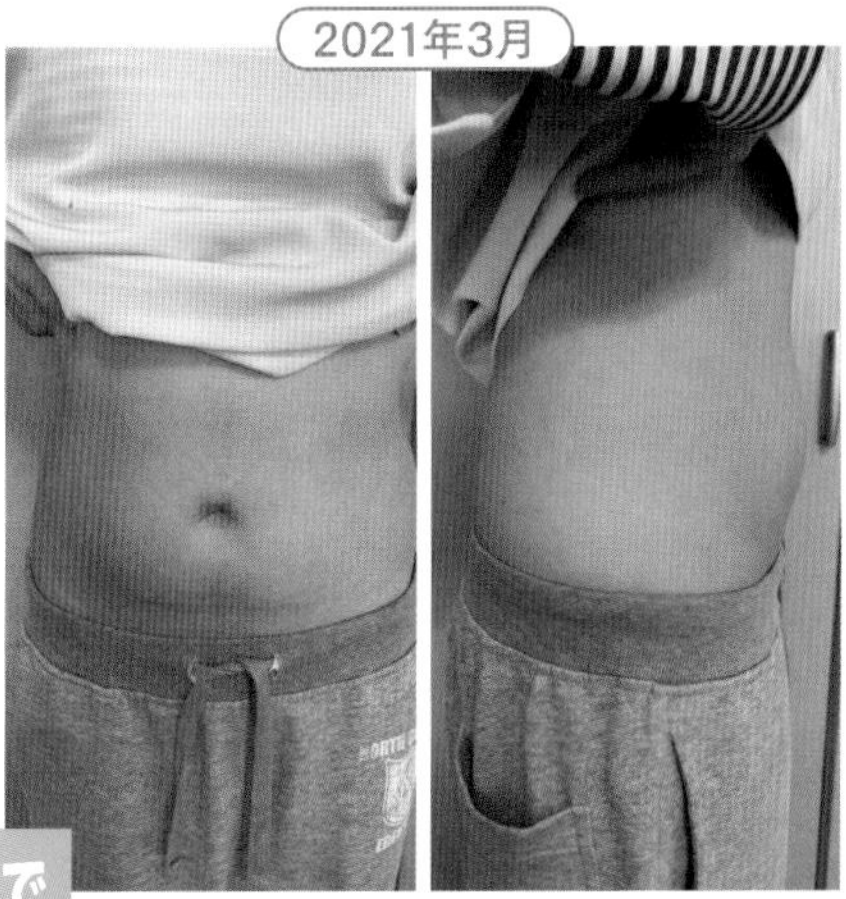

体重：54kg
ウエスト：68㎝

体重　-6.9Kg　　ウエスト　-7.0㎝

　これまでいろいろなダイエットを試してきたのですが、体重は減るのですが、お腹まわりがスッキリせず……。なかなか見た目が変わらないので、モチベーションが下がっていました。

　ところが、阿部先生のオンラインサロンに参加して、ストレッチで姿勢を整えてから、宅トレをする習慣ができ、1カ月で見た目に変化が!!　4カ月実践して、体重も減りましたが、あこがれのペタ腹に！

　悩みだったお腹周りもスッキリして、とても嬉しいです。

体験談
その③

好みの洋服を買えるようになりました！

れーずんさん

｜年齢：20代／身長：160㎝｜

2021年2月

体重：**56.5**kg
体脂肪率：**25.5**％

4カ月で

2020年10月

体重：**62**kg
体脂肪率：**29.5**％

体重　-5.5 Kg　　体脂肪率　-4.0 ％

ある日、体が思うように動かず、自分自身が「こんなに重かったんだ」と実感。そのタイミングで、阿部先生のInstagramに出会い、二の腕、お尻、股関節のストレッチ、トレーニングを始めました。

4カ月継続し、見た目、体重ともに変化が見られ、周りからも「やせたね」と言ってもらえるようになりました。下半身にコンプレックスがあって、今まではお尻や太ももが隠れる洋服を探して購入していましたが、自分がいいなと思った好みの洋服を買えるようになりました。

体験談
その❹

体が軽くなって肌荒れも落ち着いてきました

yuさん

| 年齢：30代／身長：157㎝ |

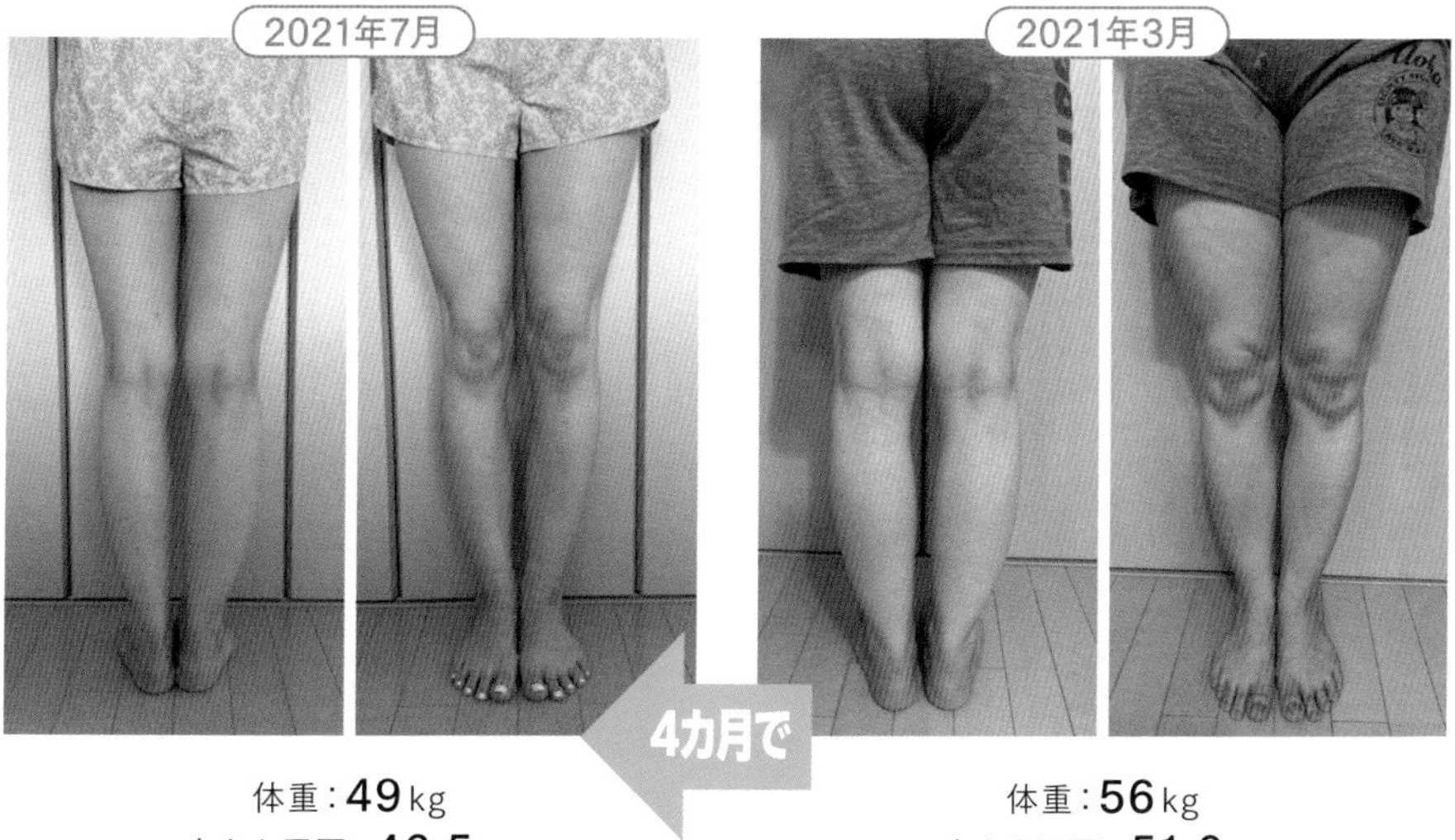

体重：49kg
太もも周囲：46.5㎝

体重：56kg
太もも周囲：51.0㎝

体重　-7.0 Kg　　ウエスト　-4.5 ㎝

阿部先生のInstagramを見て、自宅のトレーニングだけでも体って変われることを知り、始めました。「やせる＝断食、キツい筋トレ」と思っていたけど、食事を見直して、正しいフォームのトレーニング、自分に合った筋トレ、ストレッチを教えてもらい、楽しく続けられました。体重より見た目重視でトレーニングをおこなってきました。「やせたね。キレイになったね」と言われるのがうれしかったです。それに洋服屋さんでかわいい洋服が買えました！　カラダが軽くなって肌荒れなども落ち着いてきました。

第 1 章

上半身の部位別
やせストレッチ

巻き肩、猫背、肩こり、年齢によるバストの下がりなど、健康、美容に関わらず上半身の悩みを抱えている人は多いのではないでしょうか。そんな悩みを予防、解消するために、この章では、肩まわり、腕、首のストレッチ方法をご紹介します。

MENU

背中の真ん中ストレッチ
肩甲骨リセットストレッチ
脇クロスストレッチ
脇ダブルストレッチ
猫背筋伸ばし
手のひら上ストレッチ
手のひら下ストレッチ
首うしろストレッチ
首横ストレッチ
首斜めうしろストレッチ
スマホ首解消ストレッチ

猫背を改善してキレイな姿勢に！

背中真ん中ストレッチ

背中の真ん中にある菱形《りょうけい》筋《きん》を伸ばすことで、猫背、肩こりを解消します。

step 1

time ▸ 30sec.

手を組んで前に突き出す

腕を90度に上げ、両手を組みます。軽くあごを引き、背中を丸めながら手の先を前方向に突き出します。背中の真ん中が伸びているのを意識し、呼吸をしながら30秒間キープしましょう。

動画

STRETCH時間 30秒

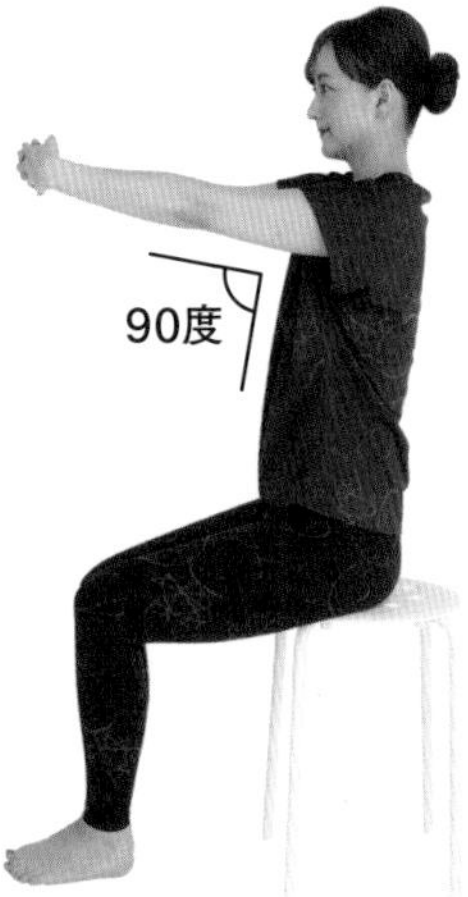

▲①椅子に姿勢よく座り、組んだ両手を90度の高さにします。

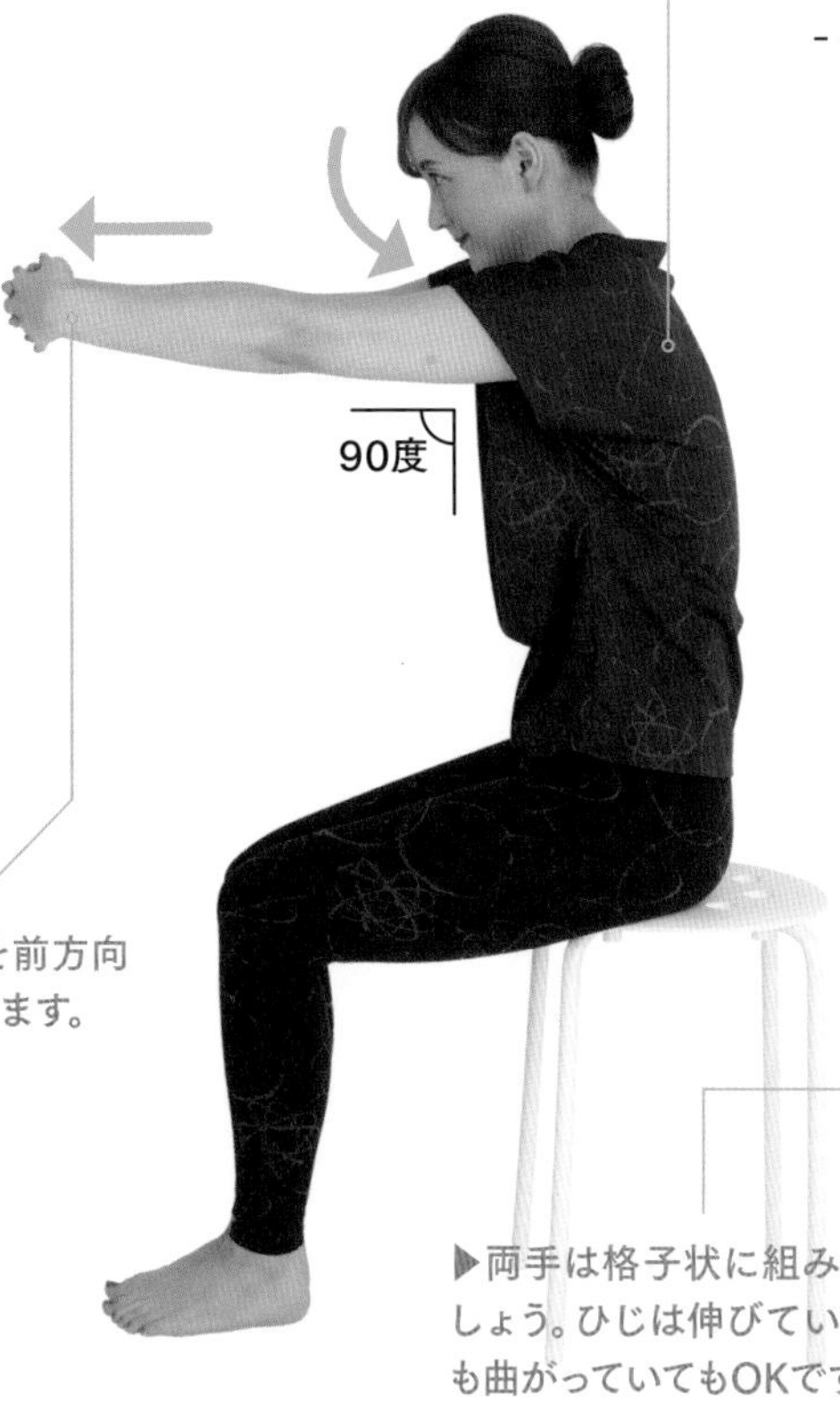

②腰は真っすぐのまま、軽くあごを引き、背中を丸めます。

③手の先を前方向に突き出します。

▶両手は格子状に組みましょう。ひじは伸びていても曲がっていてもOKです。

step 1

step 2

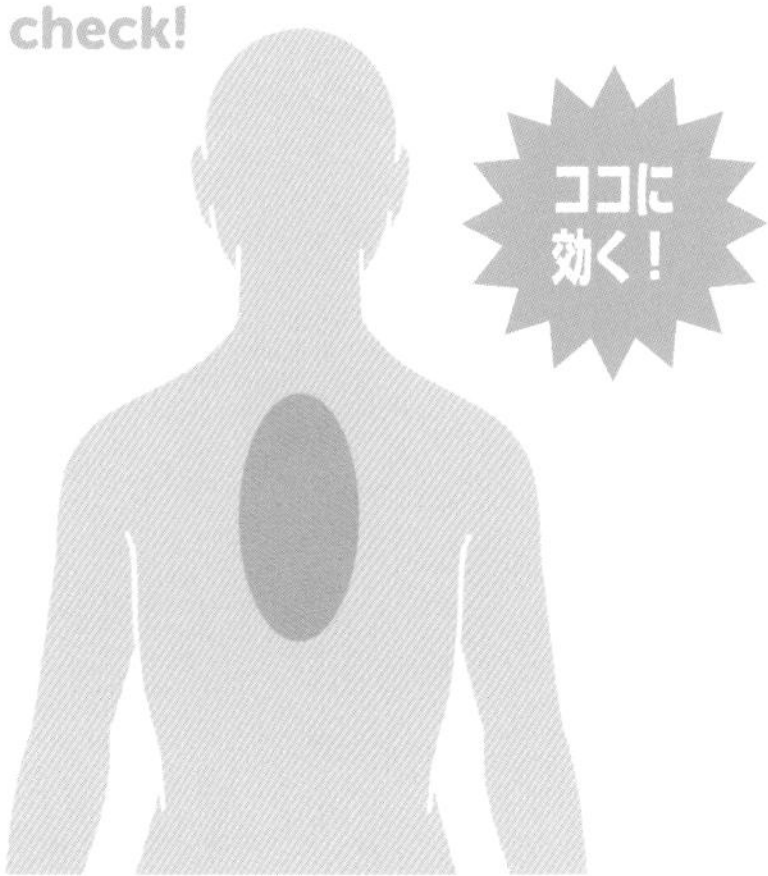
check!
ココに効く!

手を斜め下方向に伸ばす

右ページの最終姿勢から、さらに背中を丸め、手の先を斜め下45度方向に伸ばすことで、背中の真ん中の筋肉、菱形筋をより伸ばすことができます。

POINT!

タマゴ型の輪っかを作るイメージで!

▲このストレッチで伸ばすのは、背中の真ん中にある菱形筋。肩甲《けんこう》骨《こつ》を引き寄せたり離す役割を持った筋肉です。

⑤手の先を斜め下45度方向に伸ばし、背中の真ん中の筋肉がより伸びていることを意識しながら30秒間キープします。

④右ページの最終姿勢から、頭を下げ、さらに背中を丸めます。

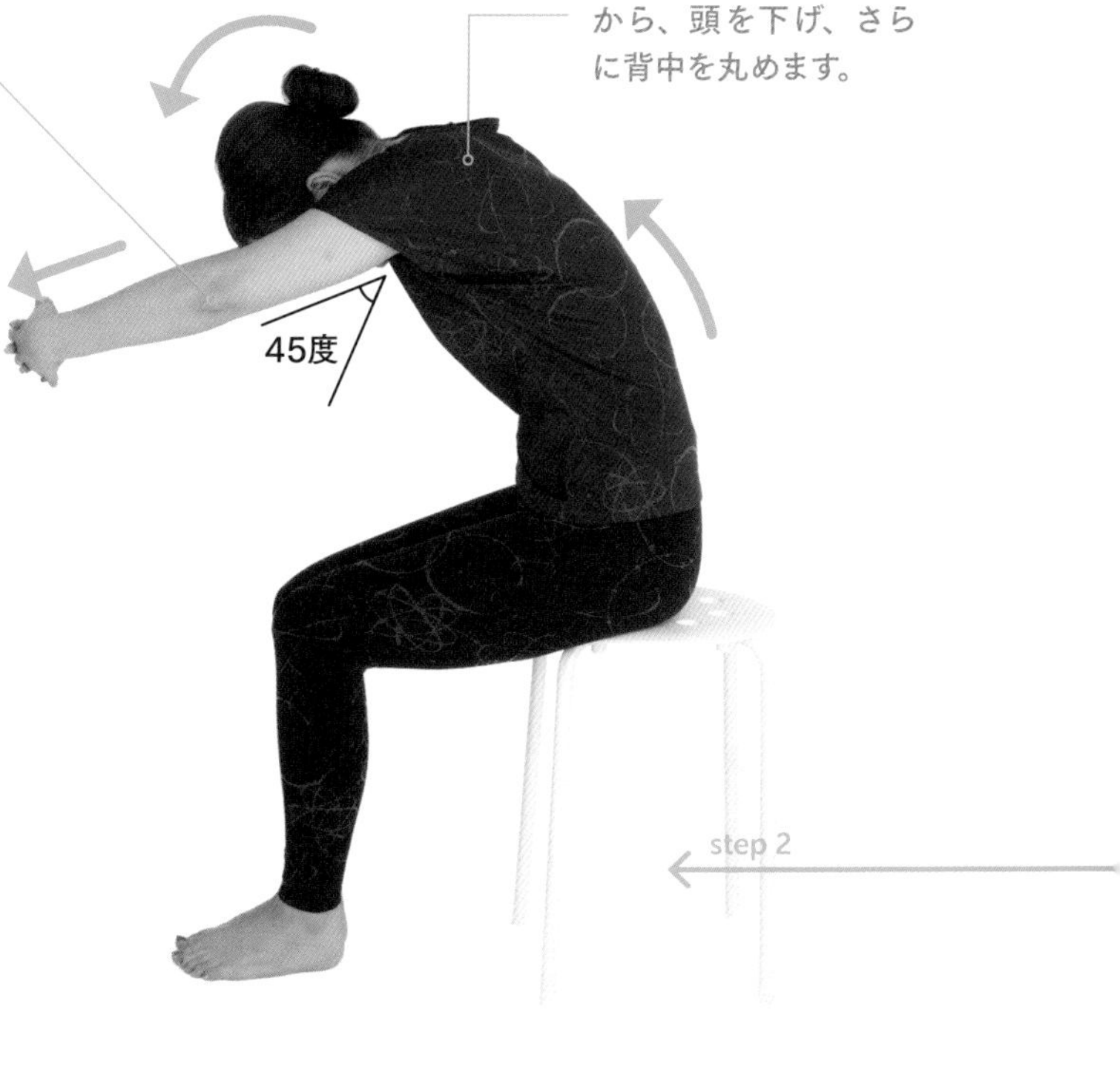
45度
step 2

肩甲骨リセットストレッチ

肩甲骨の動きをよくして健康体に！

肩甲骨《けんこうこつ》と上腕骨《じょうわんこつ》をつなぐ棘下筋《きょくかきん》と小円筋《しょうえんきん》を伸ばし、巻き肩、五十肩の予防、改善をしましょう！

動画

STRETCH 時間
左右各 30 秒

step 1

time ▸ 30sec. × 2

右腕をアイーンのポーズに

右腕を体と垂直になるように前方向へ上げ、その状態でひじを90度に曲げ、さらにひじを内側に引き寄せます。

①右腕をアイーンのポーズ。

step 1

step 2

左手で右手を押し下げる

左手を右手首に置き、右肩と右ひじの位置が動かないよう固定しながら、左手で右手の甲を下方向に押し下げ、30秒間キープ。同様に左右逆もおこないます。

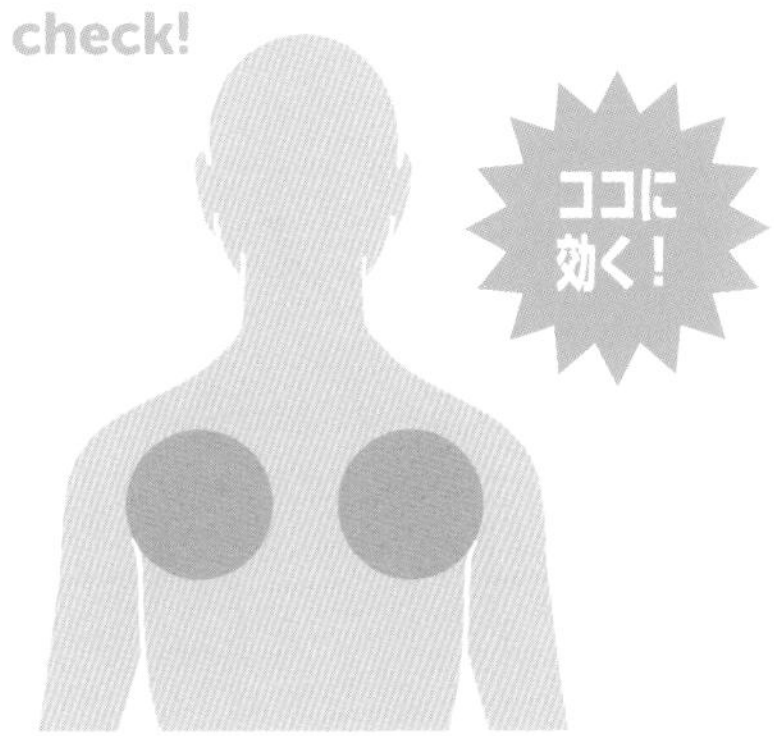

▲このストレッチで伸ばすのは、肩甲骨の外側から上腕骨に付着している小円筋。巻き肩や肩こりの原因となる筋肉です。

②ひじの高さをキープしたまま……。

③左手で右手の甲を押し下げます。

④肩の裏側が伸びているのを意識しましょう。

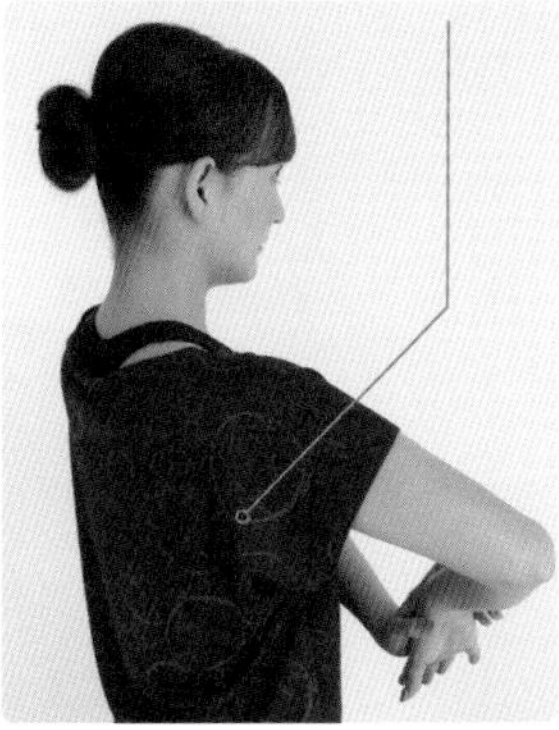

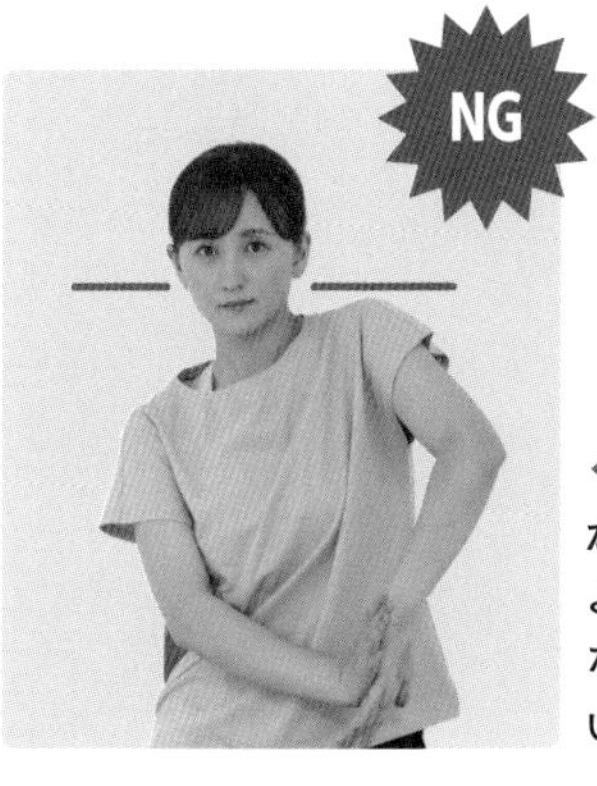

◀両肩の位置が水平になるように意識しながらおこないましょう。

脇クロス ストレッチ

背中のぜい肉をスッキリさせる!

背中の広《こう》背《はい》筋《きん》と、脇の大《だい》円《えん》筋《きん》を伸ばして、背中のぜい肉をスッキリさせましょう。

片方の脇腹を伸ばす

四つん這いになり、左ひじを床につけます。右手を左手とクロスさせるように前方向に伸ばします。倒れないよう両ひざで体を安定させた状態で、右肩を床に近づけ、深呼吸しながらリラックスして30秒間キープ。左右逆もおこないます。

動画

STRETCH
時間

左右各
30
秒

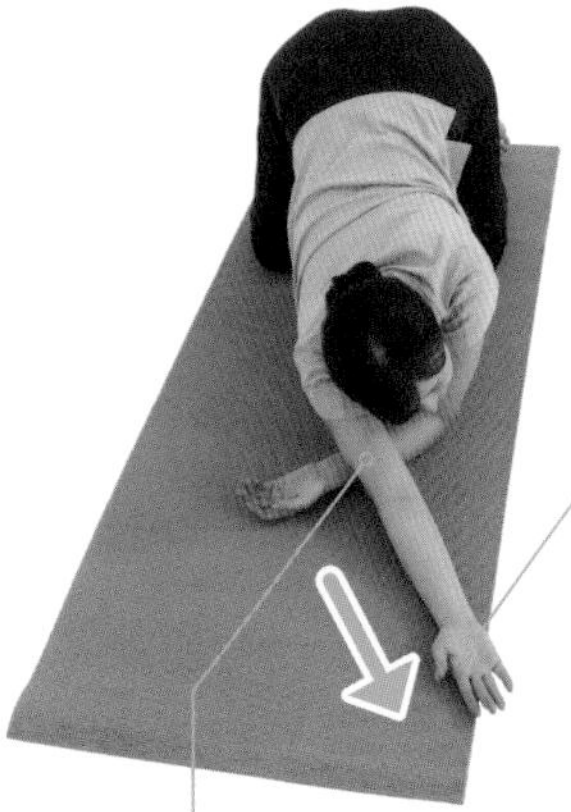

③このとき、手のひらは上向きに。

②左ひじを床につき、右手をクロスさせて前に伸ばします。

①両ひざを腰幅に開き、四つん這いになります。

④右肩をグ〜っと床に近づけます。脇腹が伸びていればOKです。余裕がある人は、右手をさらにクロスさせます。

脇ダブルストレッチ

脇の下ストレッチで美しい姿勢をキープ

脇の下の前鋸筋《ぜんきょうきん》がこると背中が丸まる原因に。しっかり伸ばしてあげましょう。

左右の脇の下を伸ばす

動画

STRETCH 時間 30秒

四つん這いの状態から両ひじを床につき、手を前に。両手のひらは上向きで、両ひじはくっついていたほうがストレッチ効果が高まります。お尻をうしろに引いて、脇の下から脇腹が伸びているのを意識しながら30秒間キープしましょう。

①両ひざを腰幅に開いて四つん這いになります。

②両ひじを床につきます。ひじの位置を前に出すと、よりストレッチ効果が高まります。

③手のひらを上向きに。

④お尻をグ～っとうしろに引きます。

猫背筋伸ばし

バストアップ＋二の腕スッキリ効果！

バストアップに欠かせない大《だい》胸《きょう》筋《きん》と、二の腕の上《じょう》腕《わん》二《に》頭《とう》筋《きん》をストレッチしていきましょう！

動画

STRETCH
時間

左右各
30
秒

step 1

time ▸ 30sec. × 2

壁に手をつく

壁に対して横向きに立ち、手のひらが肩の高さより少し上になるよう腕を上げ、手を伸ばして壁につきます。このとき、壁についた指先は後方を向いていることを確認します。

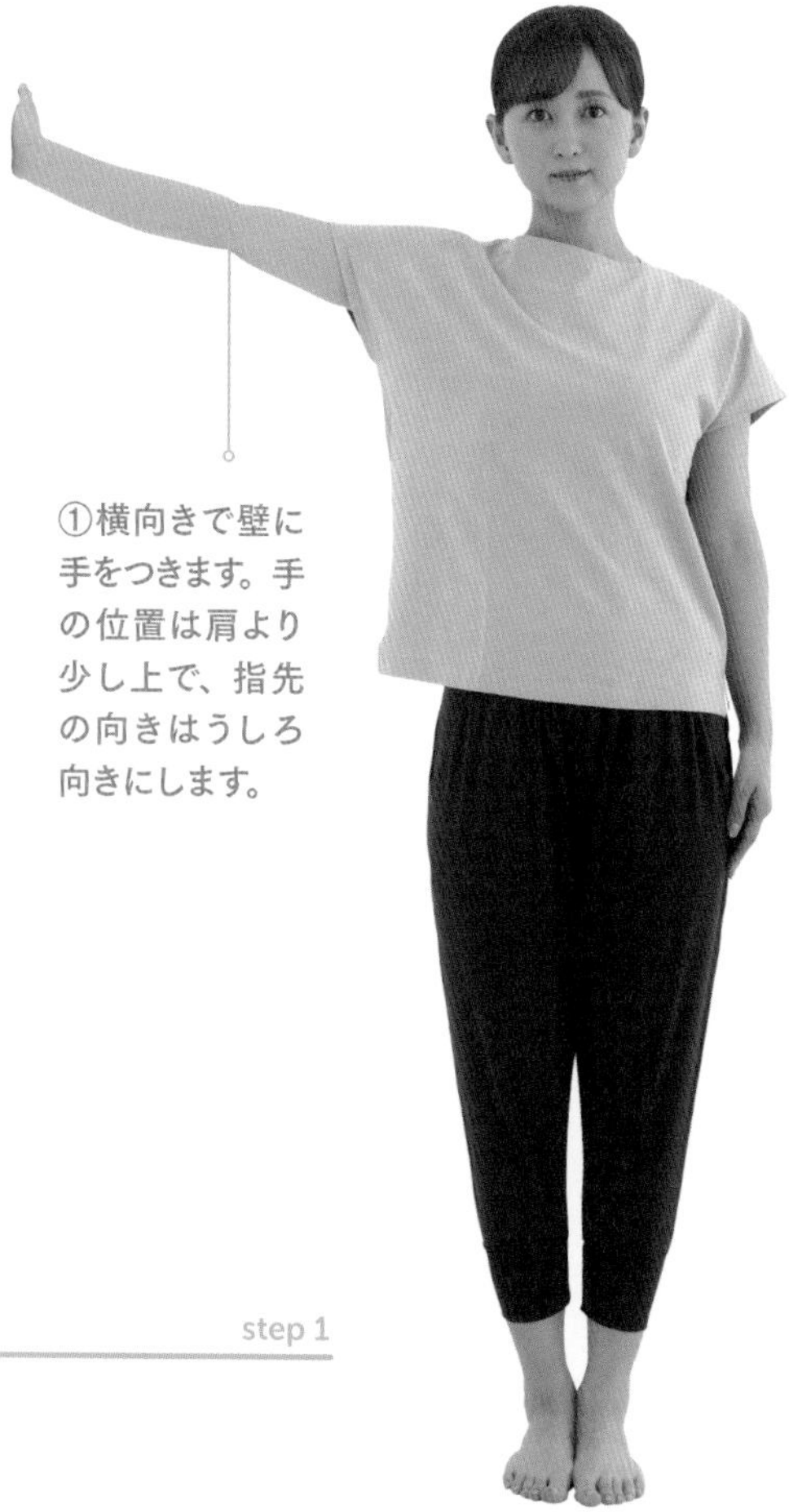

①横向きで壁に手をつきます。手の位置は肩より少し上で、指先の向きはうしろ向きにします。

step 1

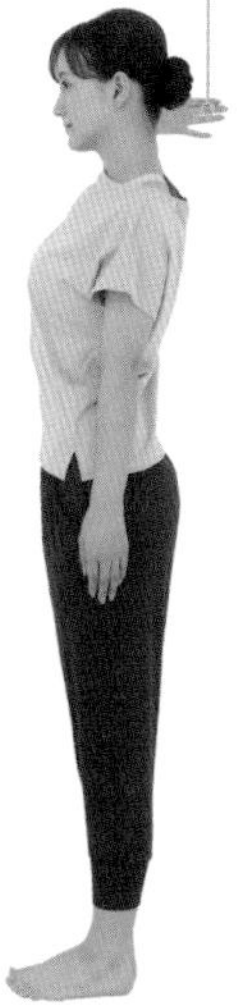

②手のひらの位置は体の真横。

step 2

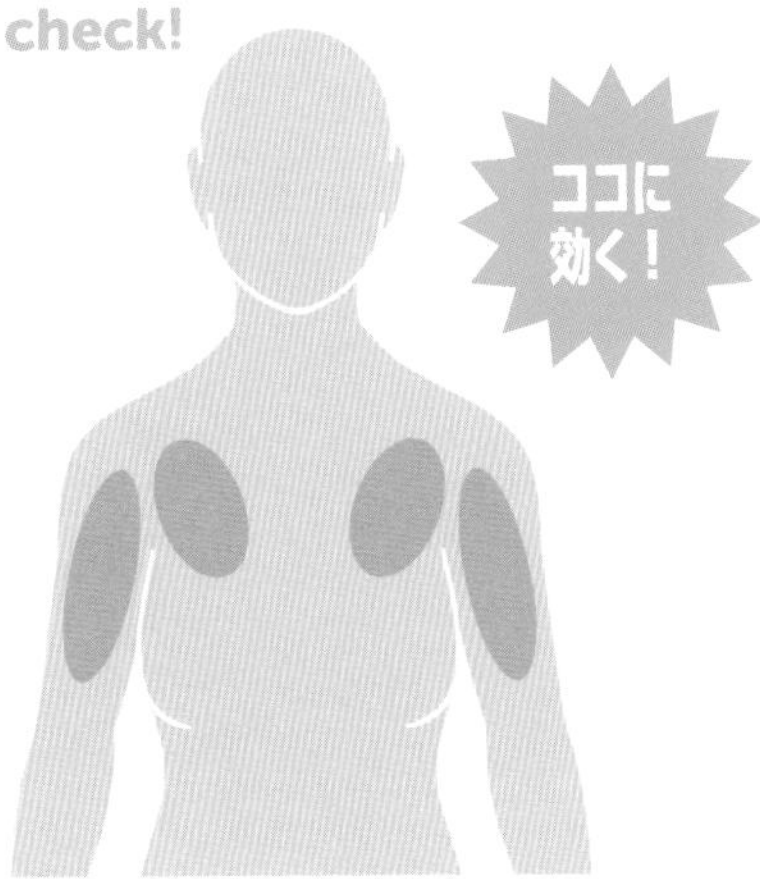

▲このストレッチで伸ばすのは、大胸筋と上腕二頭筋。バストアップと二の腕のゆるみにも関係のある筋肉です。

体の向きをひねる

壁に手をついたまま、かかとを軸に体を90度回転させ（回転方向は壁についた指先の向きと逆方向）、呼吸は止めずに30秒間キープ。左右逆もおこないます。

③手のひらはしっかり壁についたままにします。

④かかとを軸に体の向きを90度回転させます。

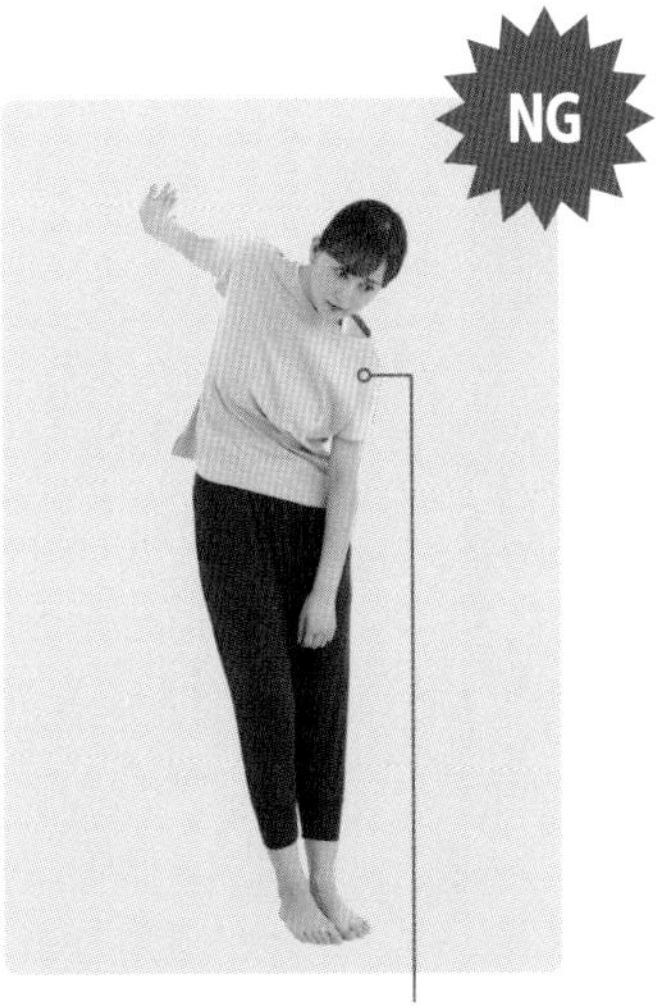

▲両肩の高さを左右同じにしましょう。壁についた手と反対側の肩が下がらないよう注意しましょう。

手のひら上ストレッチ

腕の筋肉が巻き肩、猫背の原因に!?

腕のこりは、巻き肩や猫背の原因になります。しっかりほぐして外に開く体をつくりましょう。

step 1

time ▸ 30sec. × 2

指先をつかみ手前に引く

腕の内側にある前《ぜん》腕《わん》屈《くっ》筋《きん》群《ぐん》をストレッチします。手のひらを上にした状態で右手を90度に上げて前に伸ばし、指先を下に向けます。左手で右指をつかみ、手前に引き寄せて30秒間キープ。左右逆もおこないます。

動画

STRETCH 時間

左右各 30 秒

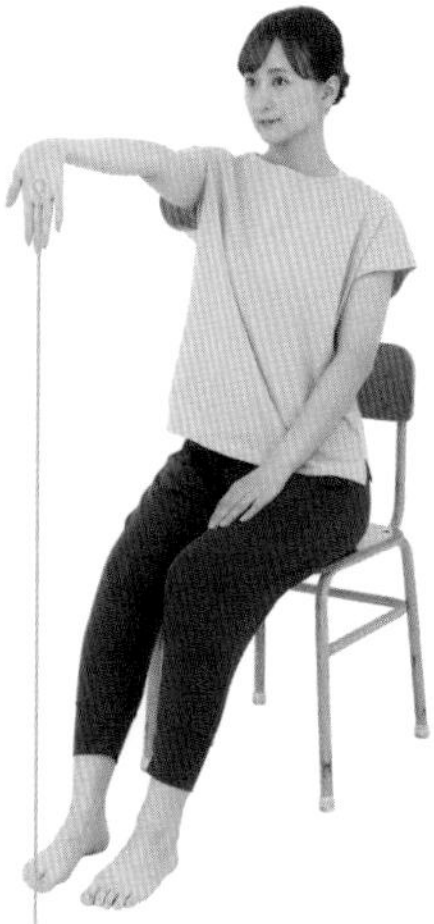

①右手のひらを上にして腕を前に伸ばし、指先を下に向けます。

②左手で、右手の先から第2関節までをつかみ、体に引き寄せるように引っ張ります。

step 1

step 2

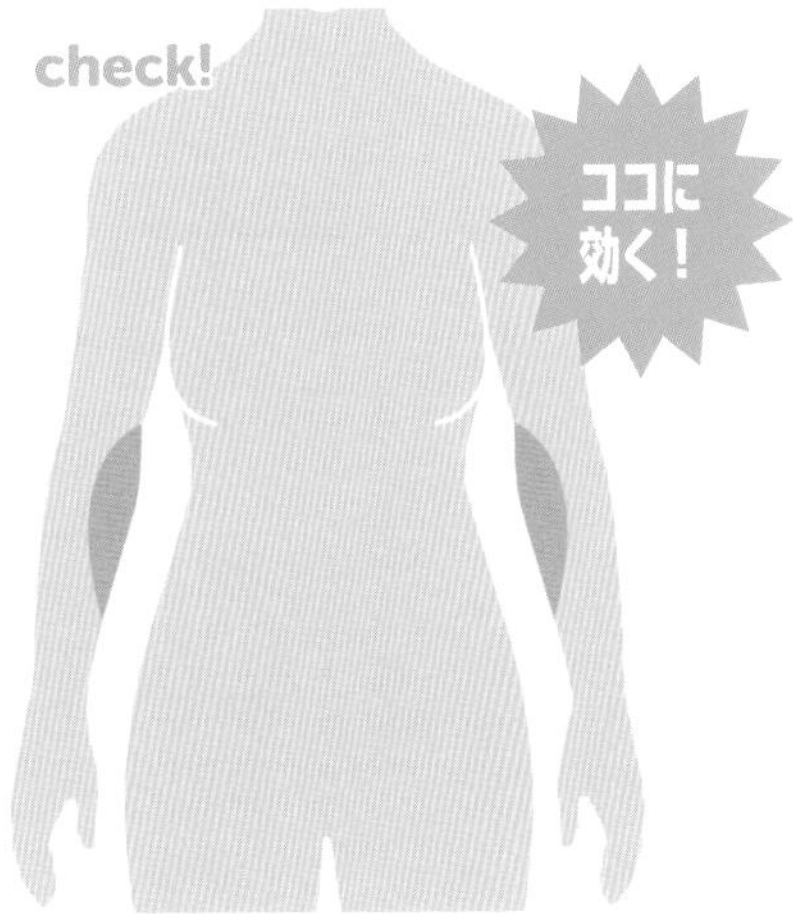

▲このストレッチで伸ばすのは、腕の内側の前腕屈筋群です。

手首を左右に回転させる

step1と同じストレッチを、手首を左右に回転させながらおこないます。腕の内側の前《ぜん》腕《わん》屈《くっ》筋《きん》群《ぐん》には多くの筋肉が集まっており、手首を回転させながら伸ばすことでまんべんなくストレッチすることが可能になります。

③step1から、指先を手前に引っ張ったまま手首を外側に回転させます。

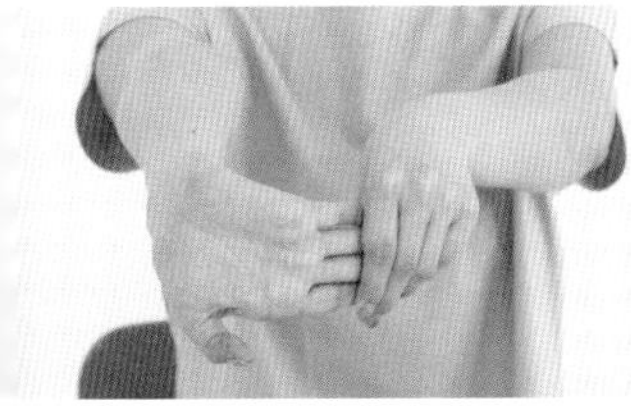

◀④指先を手前に引っ張ったまま、手首をゆっくり回転させて内側に。

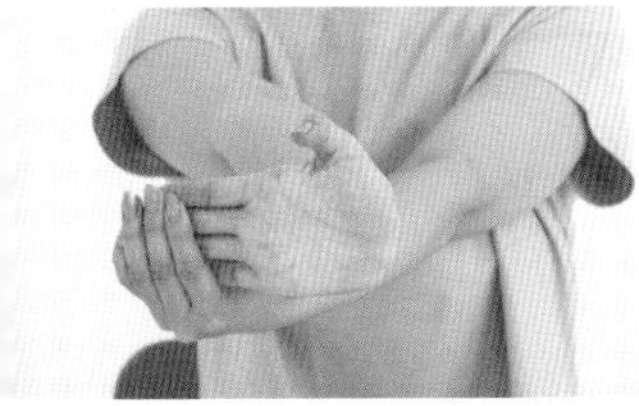

◀⑤再び回転させて外側に。③～⑤を30秒間繰り返します。

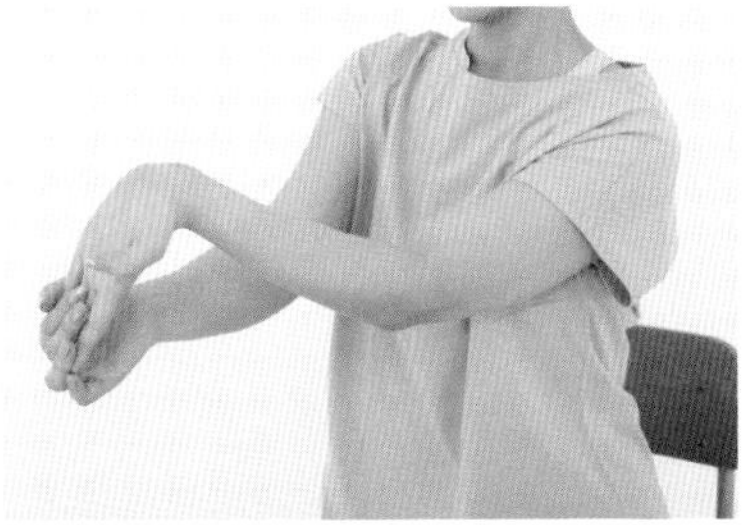

▲ストレッチする側のひじを伸ばしているのがつらい場合は、曲げてもOKです。

step 2

デスクワークや長時間スマホの合間に！

手のひら下ストレッチ

デスクワークや長時間のスマホ利用でこった腕の外側の筋肉をほぐします。

step 1

time ▸ 30sec. × 2

指先をつかみ手前に引く

腕の内側を伸ばした後は、外側の前《ぜん》腕《わん》伸《しん》筋《きん》群《ぐん》を伸ばします。手のひらを下に向けた状態で右腕を前に伸ばし、左手で指先をつかんで体に引き寄せるように引っ張ります。腕の外側が伸びているのを意識しながら30秒間キープ。左右逆もおこないます。

▶動画

STRETCH 時間

左右各 30秒

①右手のひらを下に向けて前に伸ばし、左手で指先をつかんで手前に引き寄せます。

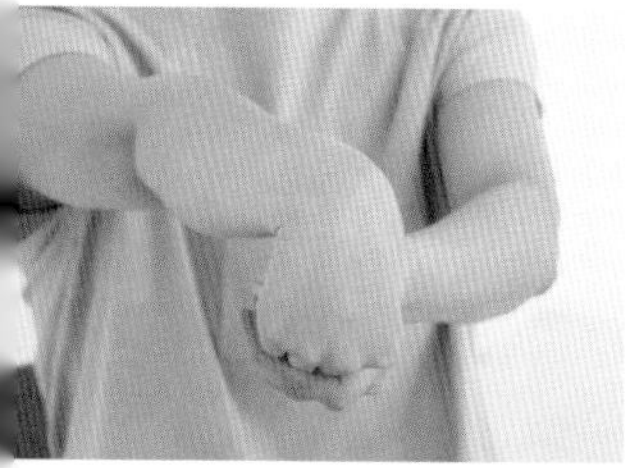

▲ストレッチする側のひじは伸ばします。曲がっているとストレッチ効果が得られません。

step 1

step 2

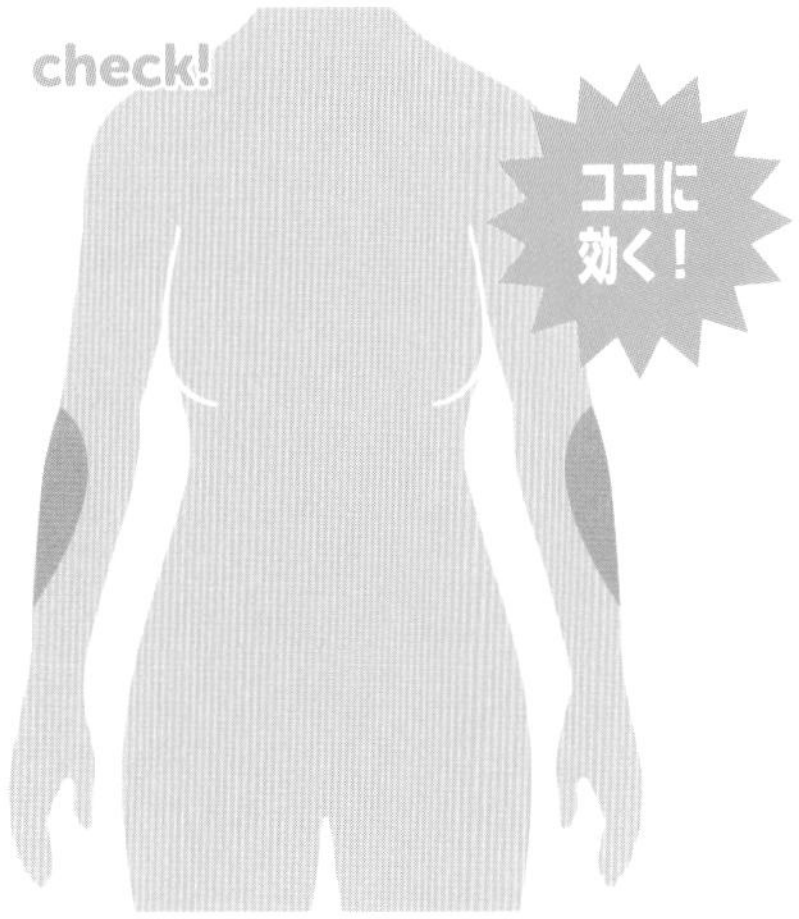

▲このストレッチで伸ばすのは、腕の外側の前腕伸筋群です。

手首を左右に回転させる

step1と同じストレッチを、手首を左右に回転させながらおこないます。腕の外側の前腕伸筋群には、内側同様多くの筋肉が集まっており、手首を回転させながら伸ばすことで、まんべんなくストレッチすることが可能です。

②step1から、指先を手前に引っ張ったまま手首を内側に回転させます。

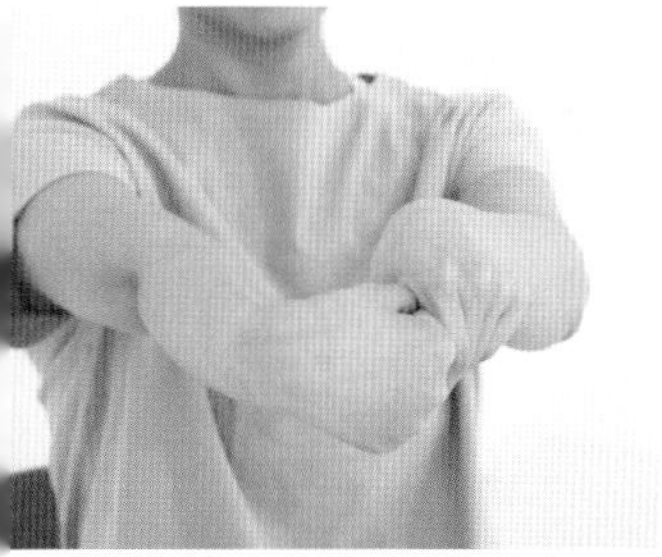

▲③指先を手前にひっぱりながら、手首を内側から外側に回転させます。②〜③を30秒間繰り返します。

step 2

スマホ首、ストレートネック、猫背、肩こりの原因とは

スマートフォンやパソコンが欠かせない現代の生活で、首や肩のこりは悩みのタネ。ガチガチに硬くなった首まわりの筋肉をケアして、溜め込んだ疲労にサヨナラしましょう！

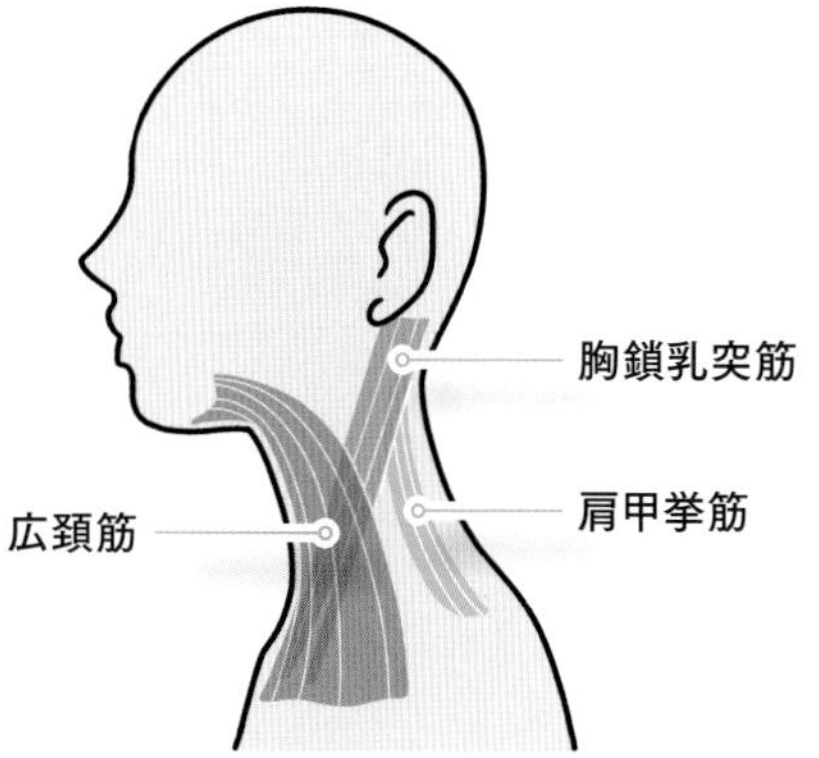

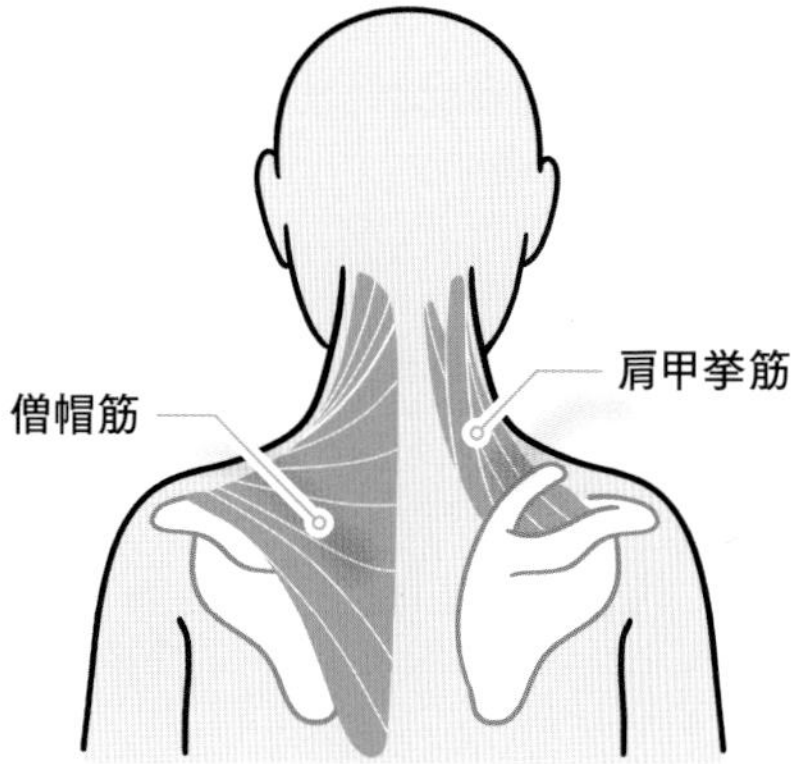

人間の頭は、Lサイズのスイカほどの重さがあります。そんな重い頭を支える首まわりの筋肉はつねに緊張状態のため、疲れが溜まると、やがてつらい症状となり体に現れます。

首を支える筋肉には、主に首から背中にかけて広がっている「僧帽筋《そうぼうきん》」、首と肩甲骨をつなぎ、肩甲骨を引き上げる働きをする「肩《けん》甲挙筋《こうきょきん》」、耳のうしろから鎖骨の内側にかけてつながる「胸鎖乳突筋《きょうさにゅうとつきん》」、首の前方を広くおおう「広頚筋《こうけいきん》」などがあります。

これらの筋肉は、横になっているとき以外はずっと働いています。加えて、デスクワークやスマートフォンの操作などで姿勢が長時間下向きに固定されると、筋肉が慢性的な疲労状態になる……というわけです。

首のこりや痛みを放っておくと、自律神経の乱れから、頭痛や不眠を引き起こします。また、姿勢は前屈みになり、顔のたるみや二重アゴの原因になるなど、見た目の美しさも損なうことに。定期的に筋肉をほぐして、リラックスさせることが大切なのです。

つらい肩こりを解消させる①

首うしろストレッチ

首から肩、背中にかけての僧帽筋上部《そうぼうきんじょうぶ》がこり固まるとつらい肩こりの原因になります。

両手で頭を抱え押し下げる

椅子に姿勢よく座り、両手を組んで、後頭部にセットします。姿勢はそのまま、手で抱え込むように、頭を前に押し倒します。首のうしろが伸びているのを意識して、深呼吸しながら30秒間キープします。

動画

STRETCH 時間

30秒

①両手を組んで後頭部にセット。

②下を向き、両手で抱えるように頭を押し下げます。

▲頭を押し下げるとき、体ごと前に倒れないように注意しましょう。

つらい肩こりを解消させる②

首横ストレッチ

首の真横の僧《そう》帽《ぼう》筋《きん》を左右別に伸ばし、つらい肩こりを解消させます。

動画

STRETCH時間
左右各30秒

首の真横をストレッチ

左手を背中に回し、ひじを曲げて手の甲を腰の辺りにセットします。右手は頭頂部から左側頭部に回し、指先が耳上部の根元辺りにセットして、頭を真横に倒すように右方向に引っ張り30秒間キープ。左右逆もおこないます。

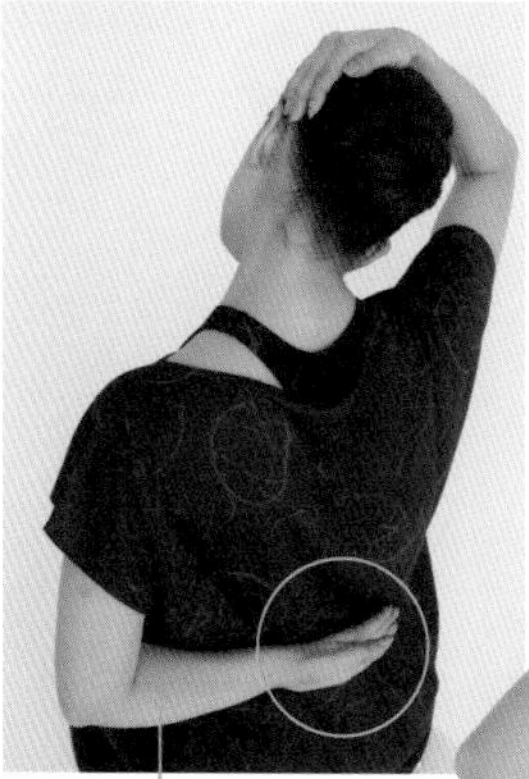

左手をうしろに回して腰の辺りにセットします。

右手を頭部の左に添え、首が真横に倒れるよう右に引っぱります。

POINT!

体は真っすぐのまま倒れないよう首だけ曲げましょう！

time ▸ 30sec. × 2

つらい肩こりを解消させる③

首斜めうしろストレッチ

首の斜めうしろの肩《けん》甲《こう》挙《きょ》筋《きん》を左右それぞれ伸ばし、つらい肩こりを解消させます。

首の斜めうしろをストレッチ

動画

左手を右太ももの上にセットしたら、右手を頭頂部から左耳のうしろに回し、頭を右斜め下に倒すように引っ張ります。首左側の斜めうしろ部分が伸びているのを意識し、深呼吸をしながら30秒間キープ。左右逆もおこないます。

STRETCH 時間

左右各 **30** 秒

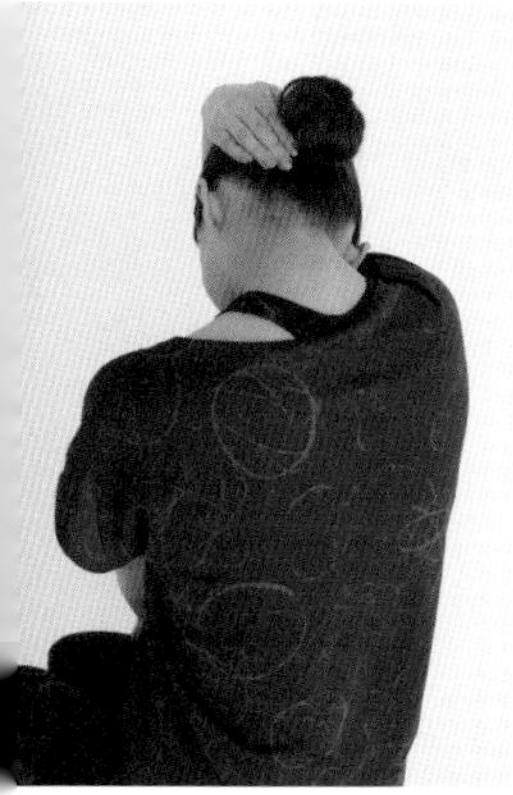

▲写真を参照し、手を添える位置を確認しましょう。

右手を頭頂部から左耳のうしろに回し、頭を右斜め下に倒すように引っぱります。

左手を右太ももの上にセットします。

スマホ首解消＋顔のリフトアップも期待！

スマホ首解消ストレッチ①

胸《きょう》鎖《さ》乳突《にゅうとつ》筋《きん》がこるとスマホ首の原因に。ストレッチすれば、顔のリフトアップ効果も！

動画

STRETCH時間
30秒

顔を斜め下に向けて倒す

左手をうしろに回し、手の甲を腰あたりにセットします。背筋を伸ばし、胸を張ったたまま、体を動かさないように右斜めうしろを見るように首を傾け、首から鎖骨にかけての筋肉が伸びているのを意識しながら30秒間キープ。左右逆もおこないます。

姿勢を保ったまま、あごだけを右斜め上方向に上げれば、さらに胸鎖乳突筋を伸ばすことができます。

右斜めうしろを見るように首を傾けます。

左手をうしろに回して腰の辺りにセット。

POINT!

体は正面をキープし、首を曲げる方向に傾かないように！

time ▶ 30sec.

顔のたるみ、しわの改善にも期待！

スマホ首解消ストレッチ②

首斜め前部分の広《こう》頚《けい》筋《きん》を伸ばすことで、スマホ首のほか、顔のしわ、たるみの改善も期待できます。

首の前側の筋肉を伸ばす

右手を左鎖骨の上にセットします。あごを真上に上げ、首の前側の筋肉が伸びているのを意識しながら30秒間キープ。さらに、真上に上げたあごを、少し右側にしゃくれさせ、首の左前部分がさらに伸びているのを意識しながら30秒間キープ。左右逆もおこないます。

動画

STRETCH
時間
左右各
30
秒

①右手を左の鎖骨にセットします。

②口を閉じながら真上を向きます。さらに、あごをしゃくらせて右斜め上に傾けます。

NG

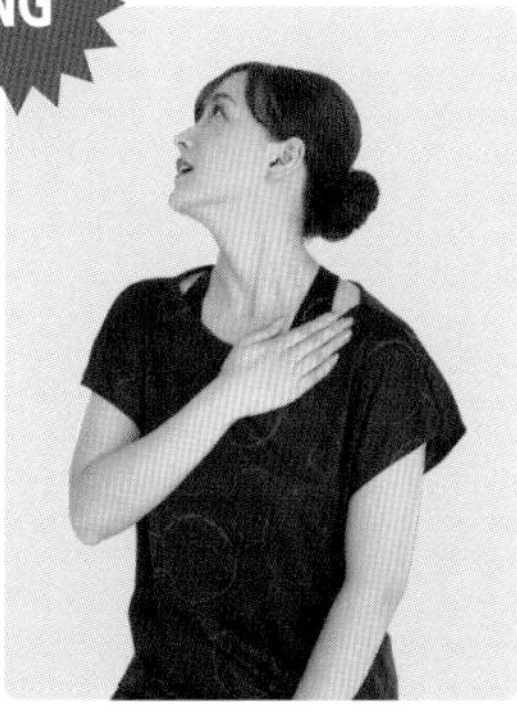

▲口は必ず閉じること。開いてしまってはストレッチ効果が得られません。

第 2 章

下半身の部位別
やせストレッチ

この章では、股関節、臀部、太もも、ふくらはぎといった下半身のストレッチ方法をご紹介します。とくに股関節がこり固まると体のバランスが崩れ、さまざまな場所に痛みとなって現れます。しっかりストレッチをして、日常的なケアを心がけましょう。

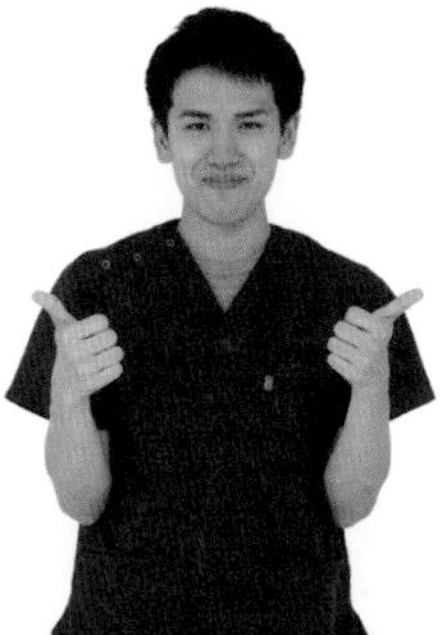

MENU

足裏合わせストレッチ
ひざパタパタストレッチ
腸腰筋伸ばし
おしり伸ばし
もも前伸ばし
内もも伸ばし
もも裏伸ばし
外もも伸ばし
ふくらはぎ三角形ストレッチ
立ちふくらはぎストレッチ
足前伸ばし

股関節の内側をストレッチ!

足裏合わせストレッチ

日常生活動作において、股関節の正常な働きが重要です。ストレッチを兼ねてチェックしましょう。

足裏を合わせ、ひざを押す

股関節の内側をストレッチする方法です。股関節の内側が柔らかければ柔らかいほど、ひざが床に近づきます。股関節内側の痛みの程度、また、ひざ側面をどのくらい床に近づけられるかを、定期的にチェックしましょう。

動画

STRETCH 時間
30秒

①足の裏を合わせてかかとを軽く自分の方に引き寄せます。

②両手で両ひざを下方向に押し下げ、30秒間キープします。

股関節の外側をストレッチ！

ひざパタパタストレッチ

股関節の動きが硬いと腰痛や膝痛の原因になるほか、下半身のむくみにもつながります。

ひざをパタパタ折り曲げる

股関節の外側をストレッチする方法です。股関節の外側がこり固まっていると、ひざの内側が床につきません。倒しやすさと痛みを覚えておいて、定期的なチェックをおこないましょう。

動画

STRETCH
時間

左右各
30
秒

◀①両足を肩幅より広く開き、ひざを90度に曲げます。

②左脚を内側に倒します。

うしろについた両手が床から離れないよう注意しましょう。

③左脚を戻すと同時に右脚を内側に倒します。これを30秒間、繰り返します。

step 1

time ▶ 30sec. × 2

片ひざ立ちで体重を前方に

床にひざ立ちになり、右脚の角度が90度になるよう前に出して、両手を右ひざの上にセットします。上半身は真っすぐな姿勢を保ったまま、前方向に体重をかけ、股関節の付け根が伸びているのを意識しながら30秒間キープ。左右逆もおこないます。

動画

STRETCH 時間

左右各 30 秒

腸《ちょう》腰《よう》筋《きん》伸ばし

下半身のむくみやポッコリお腹も解消!

腸《ちょう》腰《よう》筋《きん》は上半身と下半身をつなぐ筋肉です。硬くなると反り腰の原因になってしまいます。

ひざの角度は90度にします。
上半身は真っすぐ。
脚の付け根の腸腰筋が伸びているのを意識します。
90度

step 1

NG

上半身を反らせると反り腰になって危険です。

▼バランスが保てない場合は、前に手をついてもOKです。

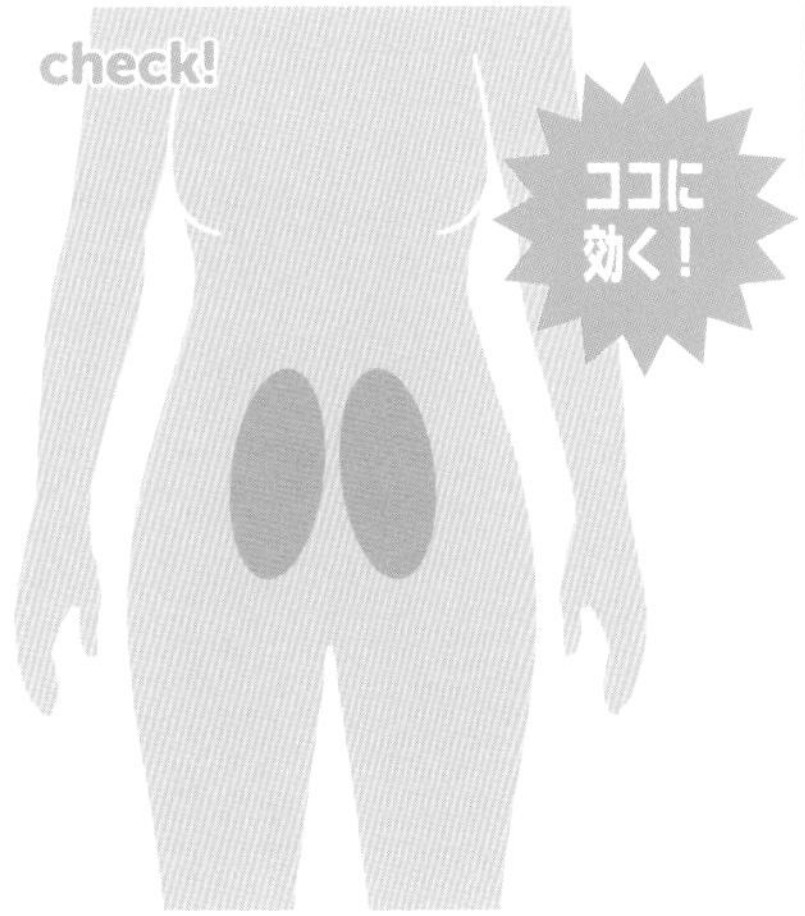
check!
ココに
効く！

▲このストレッチで伸ばすのは、股関節の付けになる腸腰筋。歩く、走るといった動作や、姿勢を保つといった役割を持つ筋肉です。

step 2

上半身にひねりを加える

余裕のある人は、さらにストレッチ強度をアップさせるため、上半身のひねりを加えます。右脚を90度前に出したひざ立ちの状態から、左手を真っすぐ上方向に伸ばし、伸ばした左手の指先を右方向にカーブさせながら、上半身ごと右方向に傾けます。目線は指先に向けて30秒間キープ。左右逆もおこないます。

股関節の付け根
に加え、脇腹が
伸びているのを
意識します。
step 2

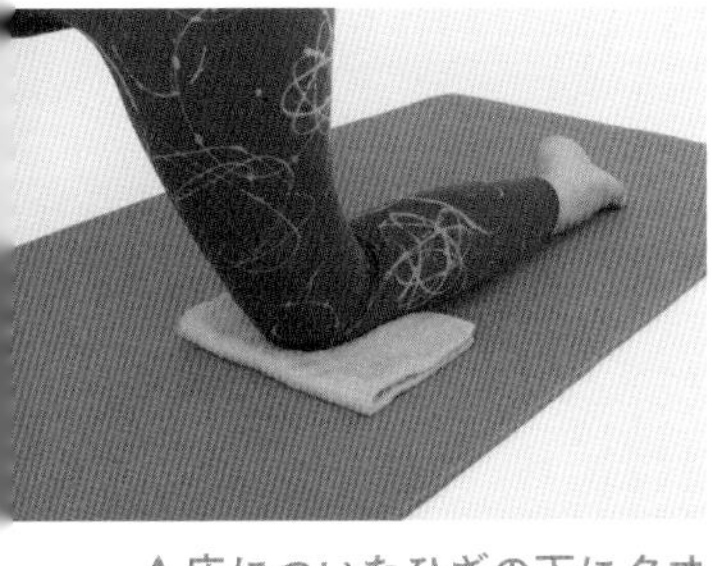

▲床についたひざの下にタオルなどを挟むとクッションになります。

おしり伸ばし

お尻の筋肉をストレッチしてヒップアップ！

腰痛や下半身のむくみ改善に効果があり、ヒップアップにも必須なストレッチです。

step 1

time ▸ 30sec. × 2

足をひざにのせ、手前に引く

床に座り、両手をうしろにセットします。右ひざを90度に曲げ、左足首を右ひざにのせます。右ひざを自分の体に寄せていきます。お尻の筋肉が伸びているのを意識しながら30秒間キープ。左右逆もおこないます。

動画

STRETCH 時間
左右各 **30** 秒

◀両手をうしろにセット。
②右ひざに左足首をのせ、体のほうへ寄せます。

step 1

NG

▶ひざの上に反対側の足首がくるようにします。写真のように、ふくらはぎが太もも辺りにのっていたのではストレッチ効果がなくなります。

step 2

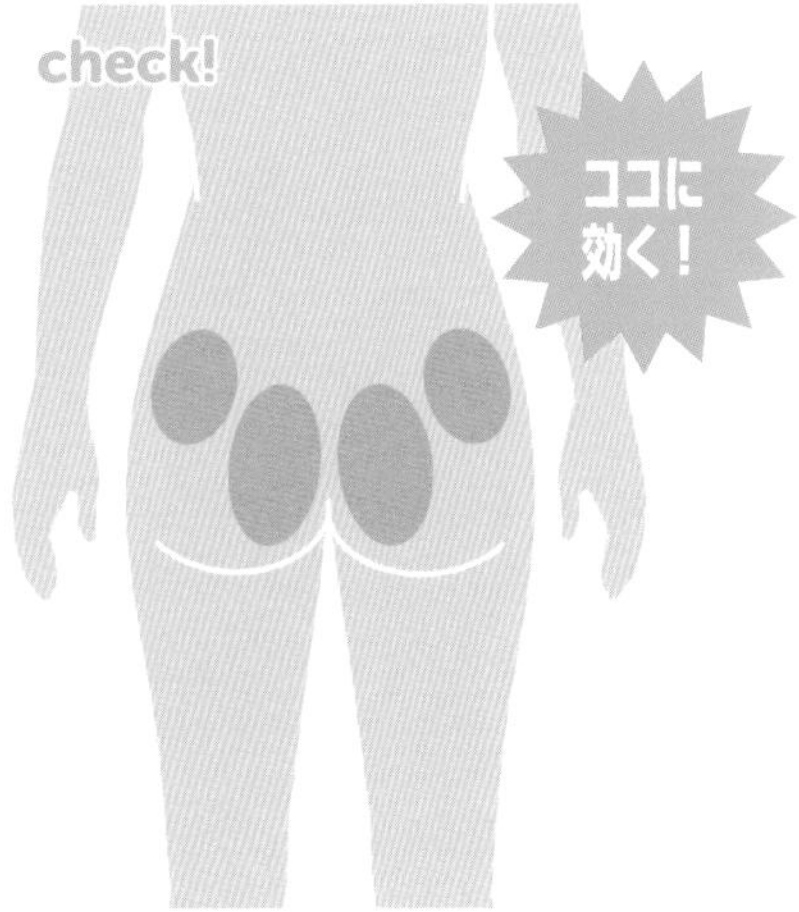
check!
ココに効く!

▲このストレッチで伸ばすのは、お尻の筋肉、臀筋です。こり固まると腰痛の原因にもなります。

寝転んでひざを抱える

余裕のある人は、ストレッチ強度をアップさせるために、step1の姿勢から寝て、両手でひざを抱えます。さらにお尻の筋肉が伸びているのを感じながら30秒間キープ。左右逆もおこないます。

POINT!

体が床から離れないようにしましょう!

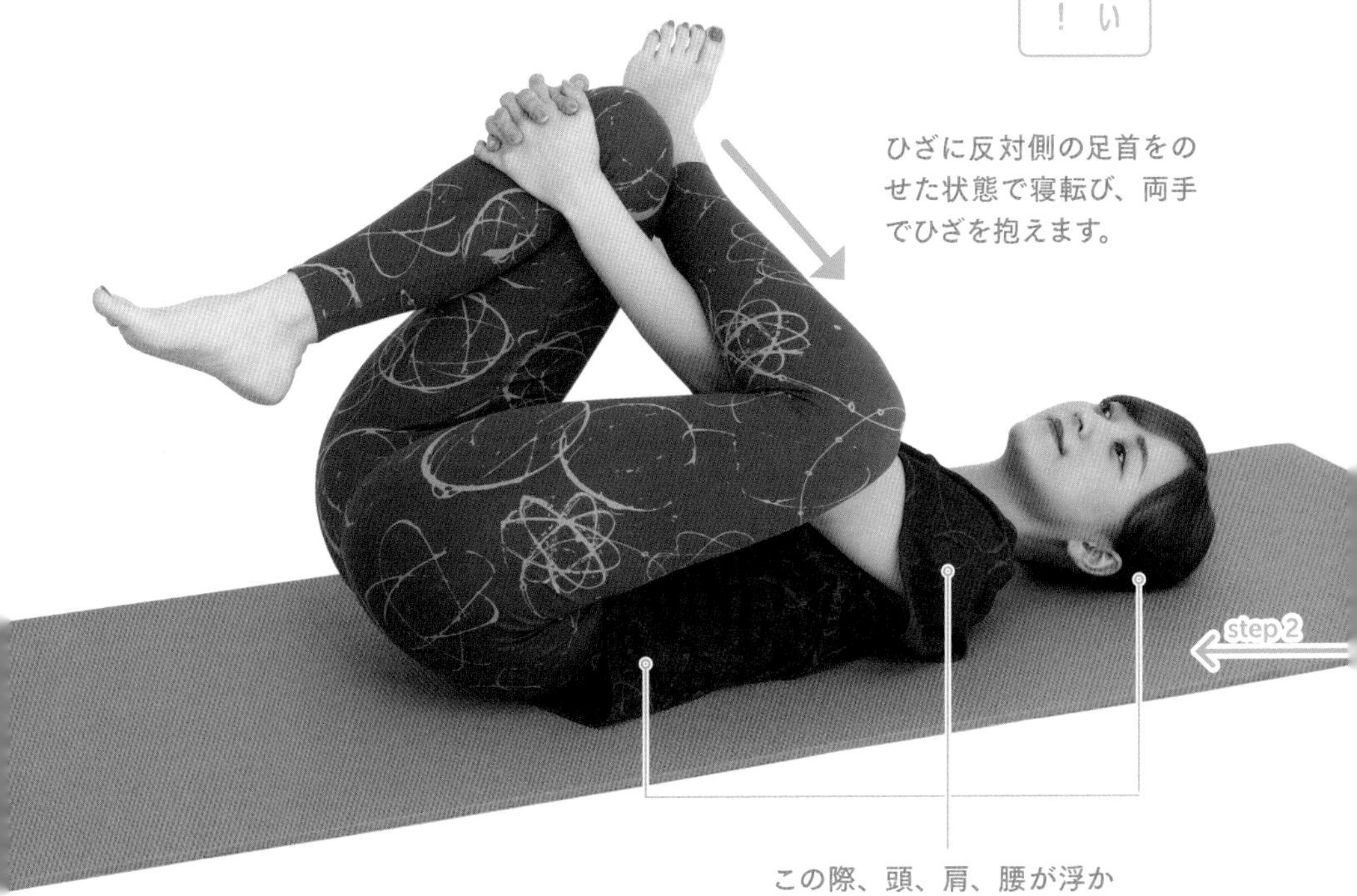
ひざに反対側の足首をのせた状態で寝転び、両手でひざを抱えます。
step 2

この際、頭、肩、腰が浮かないよう注意しましょう。

大《だい》腿《たい》直《ちょっ》筋《きん》ストレッチで太ももスッキリ美脚に！

もも前伸ばし

太もものガチガチ前張りを解消して美脚に！
反り腰改善にもとても重要なストレッチです！

step 1

time ▸ 30sec. × 2

足をたたみ太ももを伸ばす

動画

床に座り、両手をうしろにセットします。左ひざを曲げ、かかとをお尻の下に入れ、上半身をゆっくりうしろに倒していきます。上半身の倒し具合で太もも前面の伸びを調整し、30秒間キープ。左右逆もおこないます。

STRETCH時間
左右各
30
秒

①両手をうしろにセット。

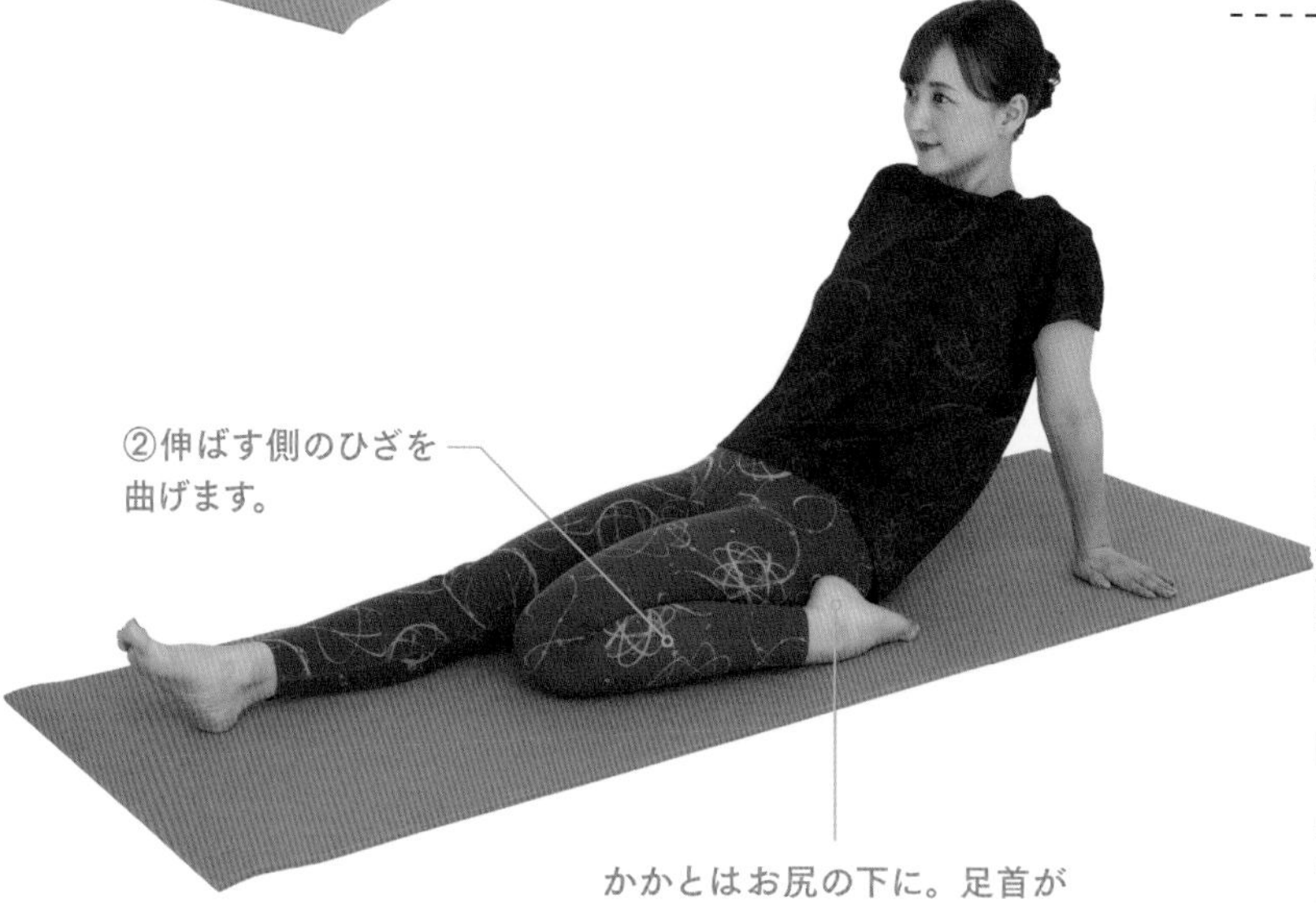

②伸ばす側のひざを曲げます。

かかとはお尻の下に。足首が硬い人は、少し離れるくらいでOKです。また、足の指先が外を向てしまっても構いません。

step 2

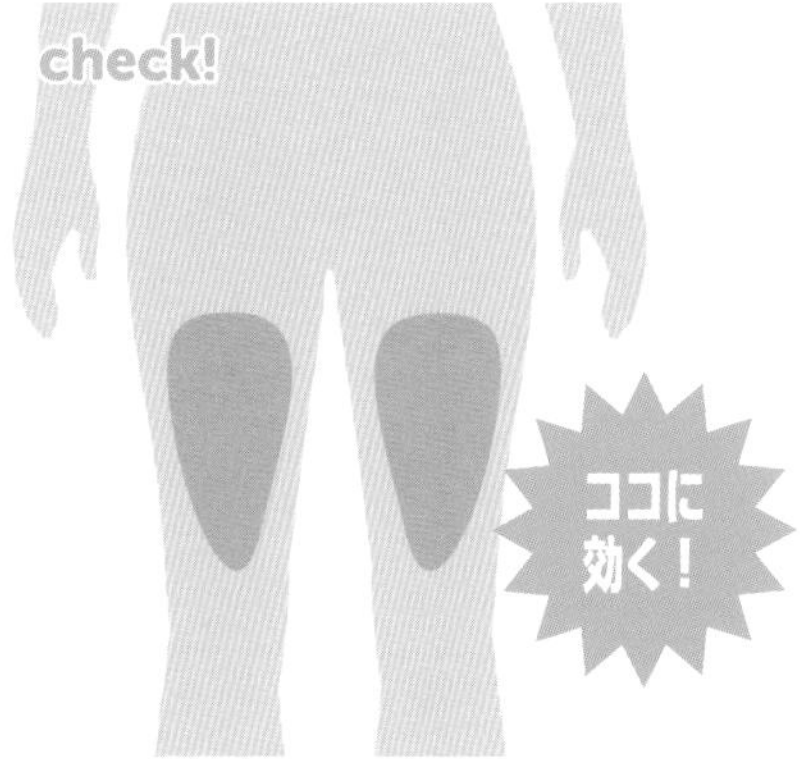

足をたたんだまま寝転ぶ

step1で余裕がある人は、ひざをたたんだ状態のまま床に寝転ぶことで、太もも前面部をより伸ばすことができます。

▲このストレッチで伸ばすのは大腿直筋。太ももの前面の筋肉です。

無理に体を床につけなくてもいいです

つま先が外を向くのはOKですが、かかとがお尻から離れすぎてはストレッチ効果がなくなってしまいます。

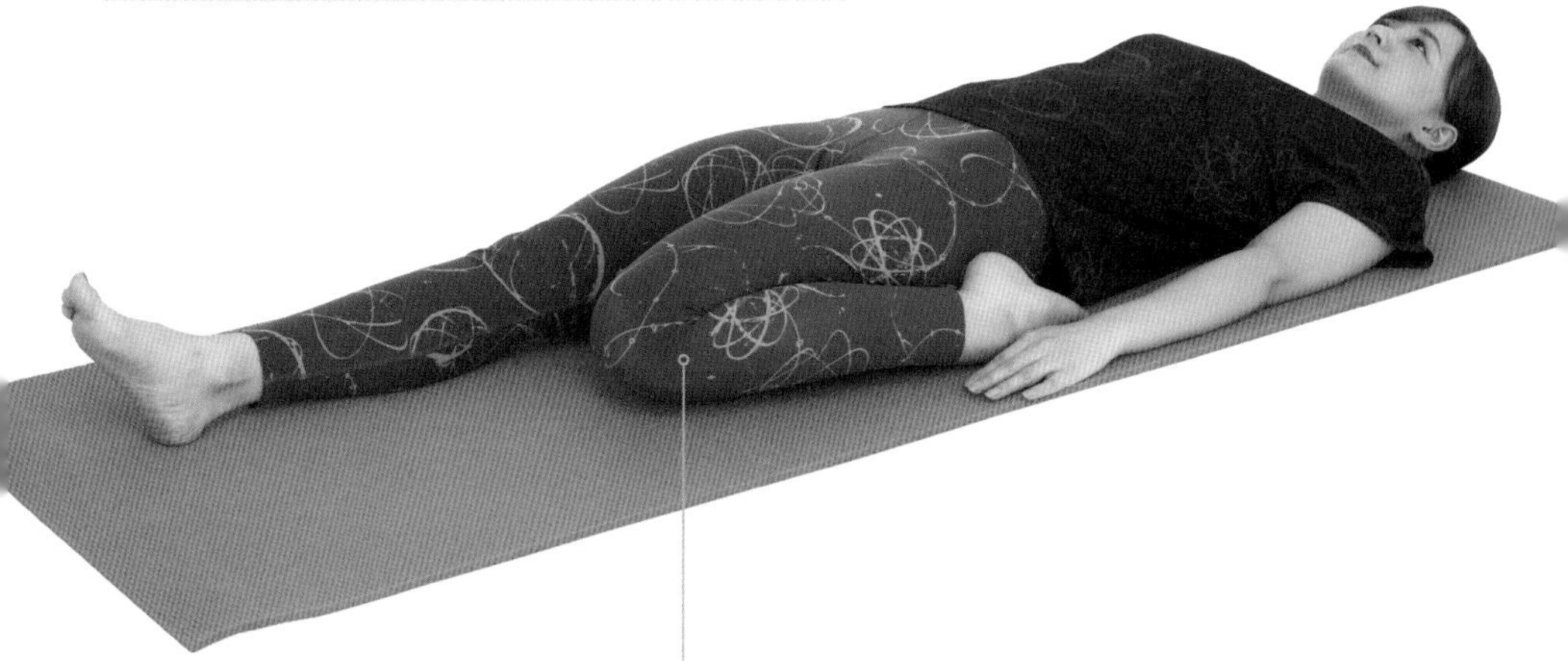

腰を傷める可能性がありますので、腰が反り、床から浮いてしまう人は無理をしないようにしましょう。

step 2

内《ない》転《てん》筋《きん》ストレッチで血行改善し、むくみを解消！

内もも伸ばし①

もものの内側にある内転筋がこると、姿勢の悪化や腰、ひざの痛みにもつながります。

片脚を伸ばして横前屈

動画

STRETCH
時間
左右各
30
秒

床に座り、左脚をあぐらにして、右脚を横に伸ばします。体を右脚のつま先に向け、上半身を倒し、片手でつま先をつかみます。余裕があれば反対の手も添えましょう。右脚のももの内側が伸びているのを意識しながら、30秒間キープ。左右逆もおこないます。

①左脚をあぐらに、右脚を横に伸ばし、片手でつま先をつかみます。

②上半身を足先方向に倒していきます。

③余裕がある人は両手で足をつかみましょう。

▶体の向きは正面にならないようにしましょう。

内もも伸ばし②

内もも&裏もも同時伸ばしでスッキリ美脚に

片脚を伸ばして前方前屈

床に座り、左脚を内側に曲げ、右脚を斜め45度に伸ばします。体正面で両手を組み、ゆっくりと、できるだけ前に前屈していきます。内ももと、さらに太ももの裏側が伸びているのを意識しながら30秒間キープ。左右逆もおこないます。

動画

STRETCH
時間
左右各
30
秒

②反対の右脚を斜め45度に伸ばします。
①左脚をあぐらに。
③体正面で両手を組んで前屈します。

内転筋とハムストリングスにも効く
時短ストレッチです！

つま先は上を向くようにします。

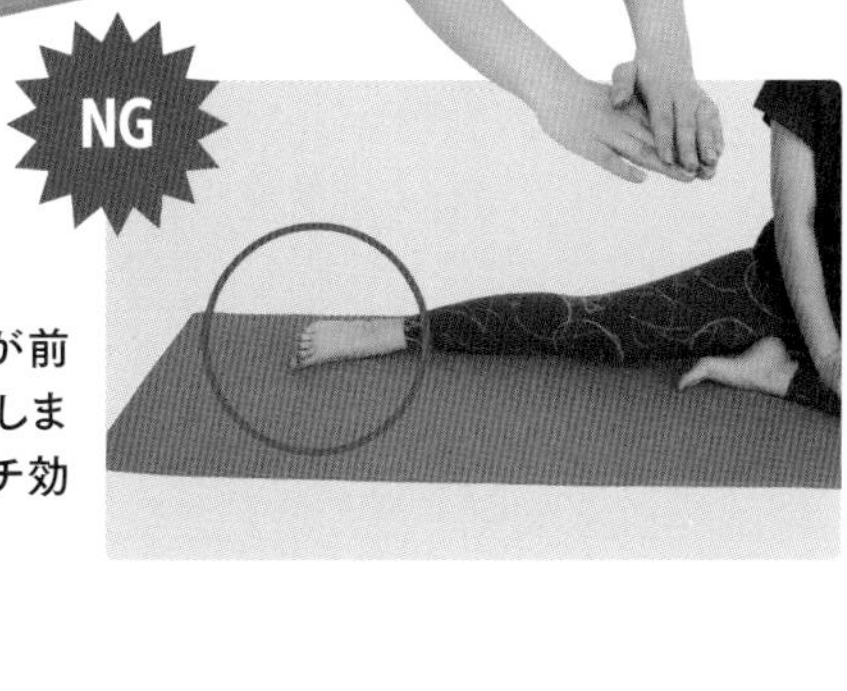
NG

▶右足のつま先が前に倒れないようにしましょう。ストレッチ効果が減少します。

ハムストリングスのストレッチで美尻&美脚!

もも裏伸ばし

太ももの裏側をストレッチすると、お尻との境目ができ、美尻、美脚効果があります。

step 1

time ▸ 30sec. × 2

ももの裏側を伸ばす

床に座り、右脚をあぐらにして、左脚を90度にして立てます。腰を立てて上半身を真っすぐ起こし、胸を左ひざに近づけます。そこから上半身は動かさずに、左脚のかかとを前に出して、ひざを伸ばしていきます。太ももの裏側が伸びているのを意識しながら30秒間キープ。左右逆もおこないます。

動画

STRETCH 時間

左右各30秒

②左脚を90度にして立て、胸をひざに近づけます。

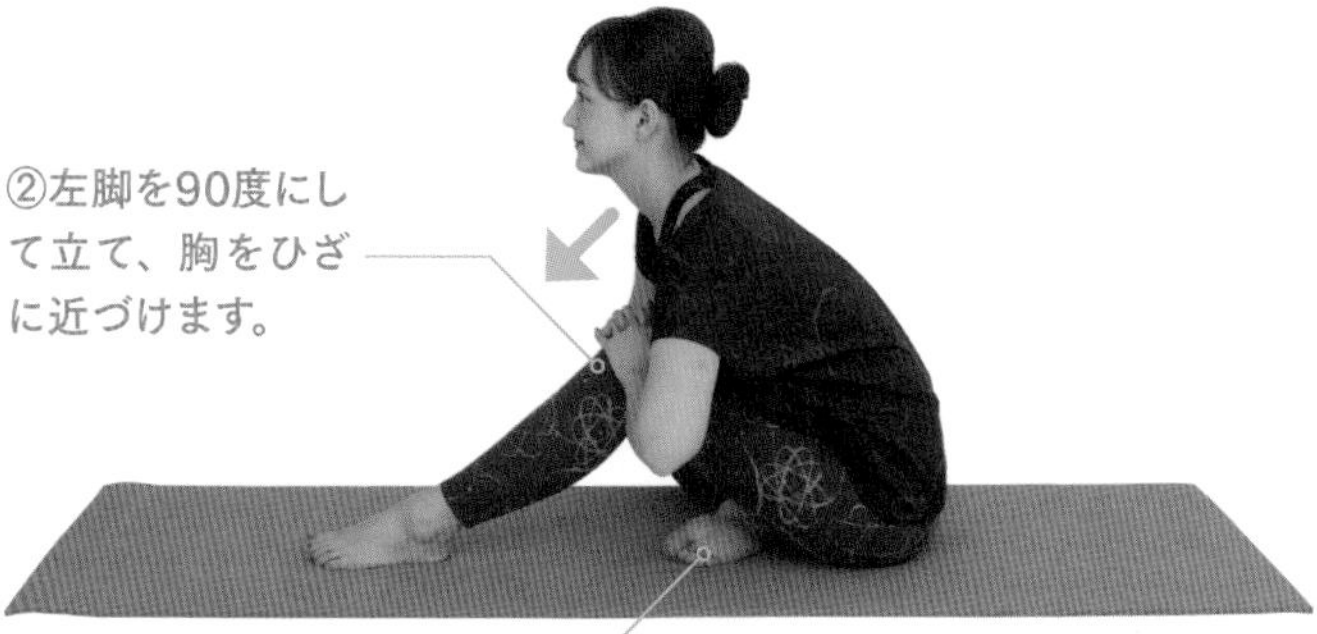

①右脚はあぐらに。

③かかとを少しずつ前に出し、ひざを伸ばしていきます。

step 2

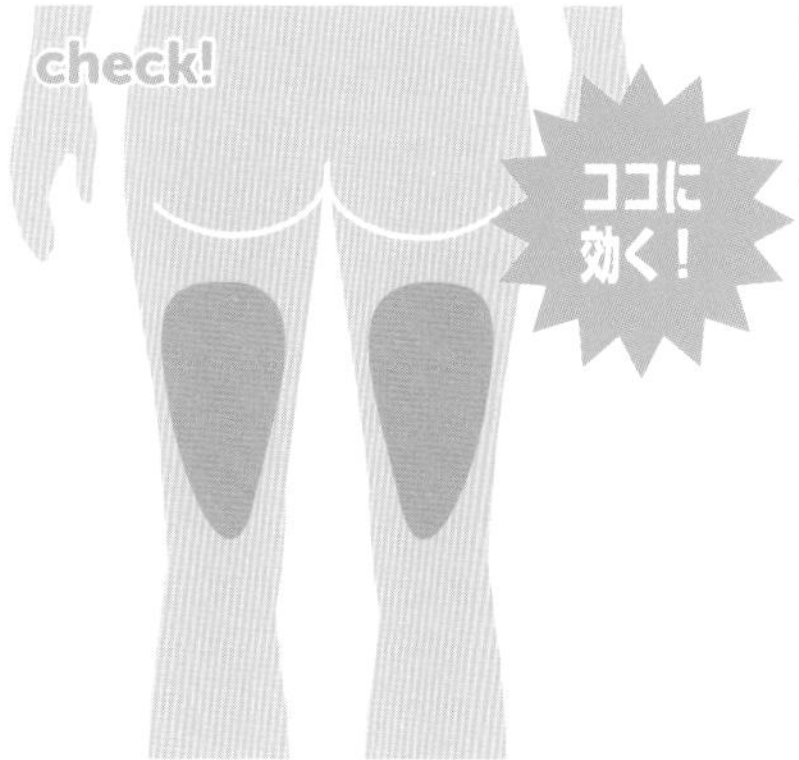
check!
ココに効く！

椅子を使い、もも裏を伸ばす

椅子の上に伸ばした左脚のかかとをセットします。つま先が上を向いていることを確認し、ひざが曲がらないように両手で押さえながら上半身を前屈させます。太ももの裏側が伸びているのを意識しながら30秒間キープ。左右逆もおこないます。

▲このストレッチで伸ばすのは、太もも裏のハムストリングスです。ハムストリングとは、太ももの後面にある3つの筋肉、大腿二頭筋、半腱様筋、半膜様筋の総称です。

②腰を曲げないようにしながら前屈します。
①ひざを伸ばした状態で、かかとを椅子にのせ、両手でひざを固定します。

NG

▲前屈する際は腰を丸めないように注意しましょう。

step 2

まっすぐでキレイな美脚に！

外もも伸ばし

太ももの外側をストレッチすることで、O脚やガニ股の改善効果があります。

step 1

time ▶ 30sec. × 2

脚を交差して状態を起こす

腰の真横を床につき、脚を伸ばし、左手で体を支えて上半身を起こします。左脚は伸ばしたまま、右脚を曲げて左脚の前に出し、体は胸を張ったまま、床についた左手をお尻に近づけます。左脚の太ももの外側、さらに左脇腹が伸びているのを意識しながら30秒間キープ。左右逆もおこないます。

①横向きに寝た状態で脚を交差させ、上半身を起こします。

動画

STRETCH 時間

左右各 30 秒

床につくのは腰の真横。お尻のお肉が床につかないよう注意しましょう。

床についた左手をできるだけ体に近づけます。

▲このストレッチで伸ばすのは、太ももの外側の大腿筋膜張筋です。

step 2

椅子でさらに外ももを伸ばす

より伸ばしたいなら、椅子に両手をつき、右脚を伸ばし、左脚を曲げて交差させます。上半身は起こしたまま腕で体を支えつつ、お尻の右側を床に近づけます。太ももの外側が伸びているのを意識しながら30秒間キープ。左右逆もおこないます。

①椅子に両手をつき、脚を交差させます。

②両手で体重をしっかり支えます。

③腰を床に近づけます。

老廃物を流して冷え性やむくみを改善！

ふくらはぎ三角形ストレッチ

ふくらはぎは〝第2の心臓〟。硬くなることで血流が悪くなり、脚が太く見えてしまいます。

四つん這いから三角ポーズ

手は肩幅、足は腰幅で四つん這いになり、横から見たときに三角形になるようにお尻を上げます。手の位置は動かさずに、かかとを床につけ、ふくらはぎが伸びているのを意識しながら30秒間キープします。

①手は肩幅
に開きます。
②足は腰幅に
開きます。

③三角形になるように腰を上げます。このとき、腰が丸まらないように注意しましょう。
手の位置は変えないようにします。
④かかとを床に近づけます。

▶動画

STRETCH
時間
30
秒

段差を見つけたらサクッとストレッチ!

立ちふくらはぎストレッチ

街中、オフィスなどで段差があったら手軽にできる簡単ストレッチです。

段差につま先をのせる

段差を利用して、ふくらはぎをストレッチする方法です。7～8センチ程度の踏み台を用意し、両足の足の先半分をのせて立ちます。体はなるべく真っすぐのまま、上半身を少し前に傾け、壁に近づけます。ふくらはぎが伸びているのを意識しながら30秒間キープしましょう。

動画

STRETCH 時間

30秒

②真っすぐに立ち、腰を壁に近づけながら、ふくらはぎの伸び具合を調整します。
③上半身を壁に近づけます。
④ふくらはぎを伸ばします。
①段差につま先をのせます。

見落としがちな〝足の甲〟をケア!

足前伸ばし

足の甲の筋肉が硬くなると、冷え性や下半身のむくみにつながります。

step 1

time ▸ 30sec. × 2

足の指を丸めて突き立てる

姿勢よく立ち、クッションに突き立てるように足の指を曲げた状態で、ゆっくり押し込みます。足の甲からスネが伸びているのを意識しながら30秒間キープ。左右逆もおこないます。

動画

STRETCH
時間
左右各
30
秒

NG

▲足の先が小指側に倒れないよう注意しましょう。

ひざを伸ばせば
ストレッチ強度
が増します。
step 1
①丸めた足の指を
床に押しつけます。
▼柔らかいヨガマット、
畳んだタオルなどの上
でおこないましょう。

step 2

座ったまま足の甲を伸ばす

座った状態でも同じストレッチが可能です。テレビを観ている間、デスクワーク中など、気づいたときに30秒間、つま先のストレッチをおこないましょう。

▲このストレッチで伸ばすのは、足の甲にある長《ちょう》母《ぼ》趾《し》伸《しん》筋《きん》、長《ちょう》趾《し》伸《しん》筋《きん》です。

▲立っておこなう場合と同じく、足の先が小指側に倒れないよう注意しましょう。

丸めた指先を床に押しつけます。余裕がある人は両足同時におこなってもOKです。

第 3 章

体を細くする
エクササイズ

健康的な体をつくり、維持していくためにストレッチと同じように欠かせないのが、エクササイズです。この章では、肩甲骨の可動域を広げるためのエクササイズから、二の腕、背中、腹筋、お尻、太もも、ふくらはぎと、部位別にご紹介します。

MENU

Wエクササイズ
逆T字エクササイズ
うしろパタパタ エクササイズ
卍エクササイズ
タオル上げ下げエクササイズ
タオルスライド エクササイズ
真上パンチ エクササイズ
うしろハンガー エクササイズ
バタフライ エクササイズ
スイミング エクササイズ
体育座りひねりエクササイズ
お尻振りエクササイズ
立ち腹筋エクササイズ
カエルヒップリフト エクササイズ
ひざパカ エクササイズ
うしろキック エクササイズ
またバサミ エクササイズ
足指つかみエクササイズ
かかとバサミ エクササイズ

肩甲骨《けんこうこつ》の可動域を広げる①

Wエクササイズ

肩甲骨の動きが悪いと肩こり、猫背、巻き肩の原因にもなります。エクササイズで可動域を広げましょう。

腕をW字に上げ下げする

肩甲骨の可動域を広げるエクササイズです。手を上げるときは限界まで上に、下ろすときは肩甲骨同士をグッと寄せるイメージで30秒間、15往復を目安に上げ下げしましょう。

動画

EXERCISE
時間
30
秒

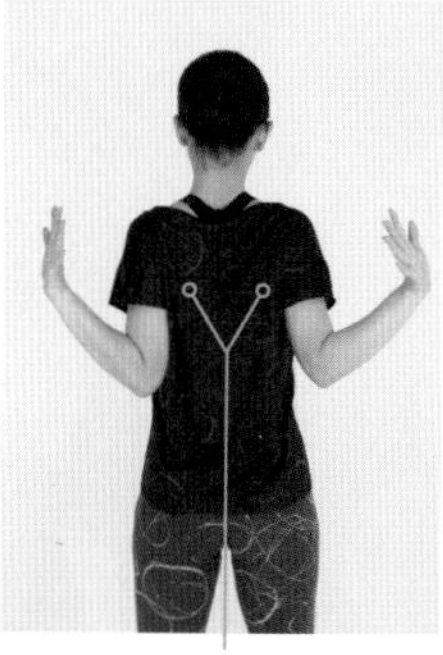

腕を下げたときに、肩甲骨同士がしっかり寄せることが重要です。

①手のひらを内側に向けてバンザイします。

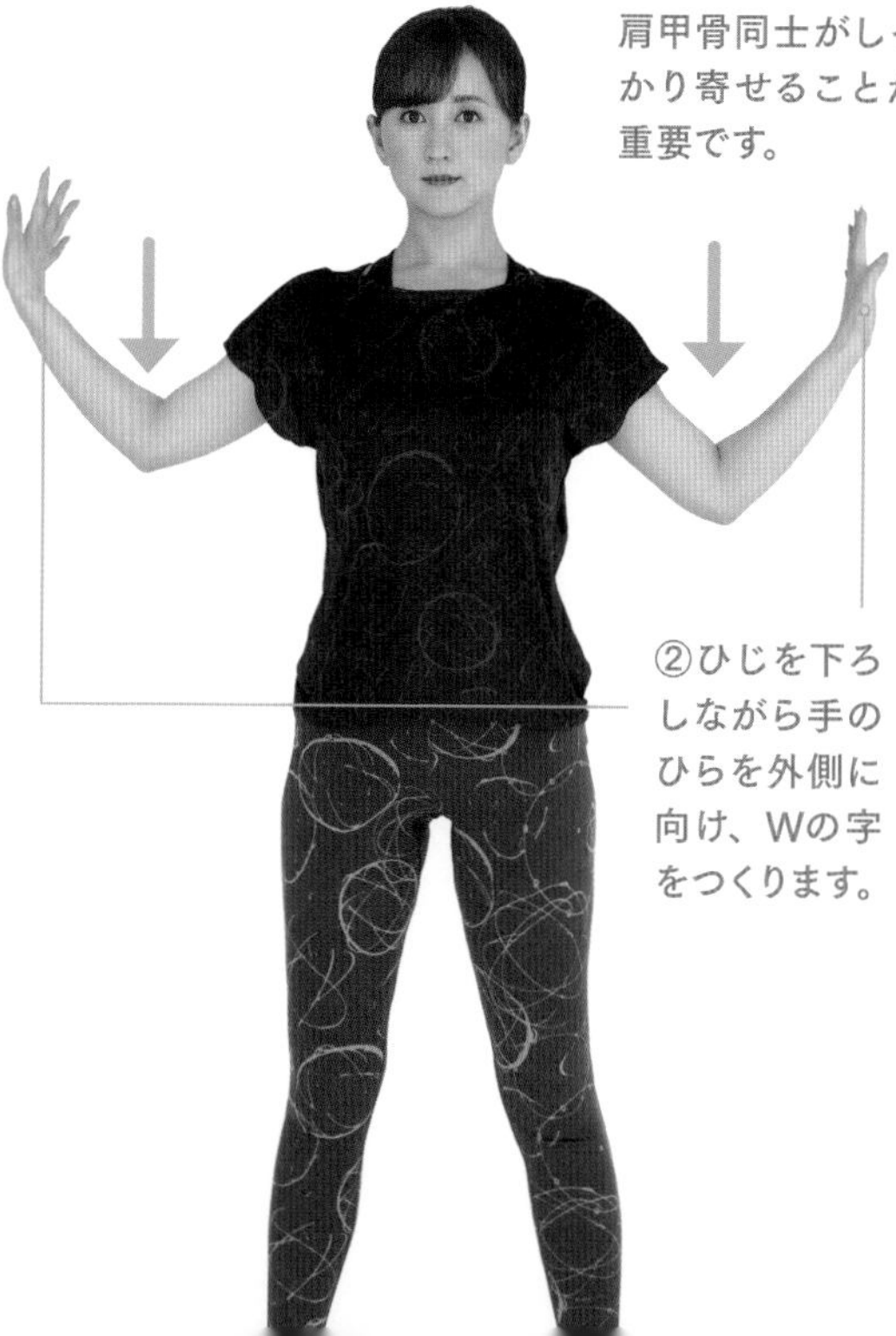

②ひじを下ろしながら手のひらを外側に向け、Wの字をつくります。

肩甲骨の可動域を広げる②

逆T字エクササイズ

「T」を意識して腕を開閉していきましょう。肩甲骨の可動域を広げます。

T字にした腕を開閉する

両ひじを脇腹につけ、ひじを90度に曲げて手のひらを上に向けます。肩甲骨同士が寄っているのを意識しながら、ひじを軸に腕を外側に開いて閉じる、開いて閉じる、これを30秒間、15往復を目安に繰り返します。腕が開けない人は、ひじを脇腹から少し離してもOKです。

動画

EXERCISE 時間

30 秒

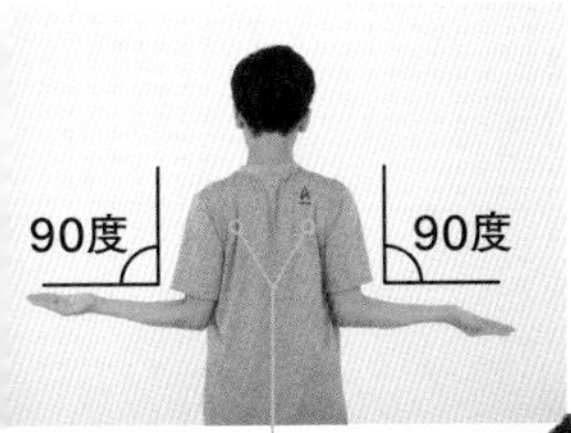

▲腕を開いたとき、肩甲骨同士が寄るのを意識しましょう。

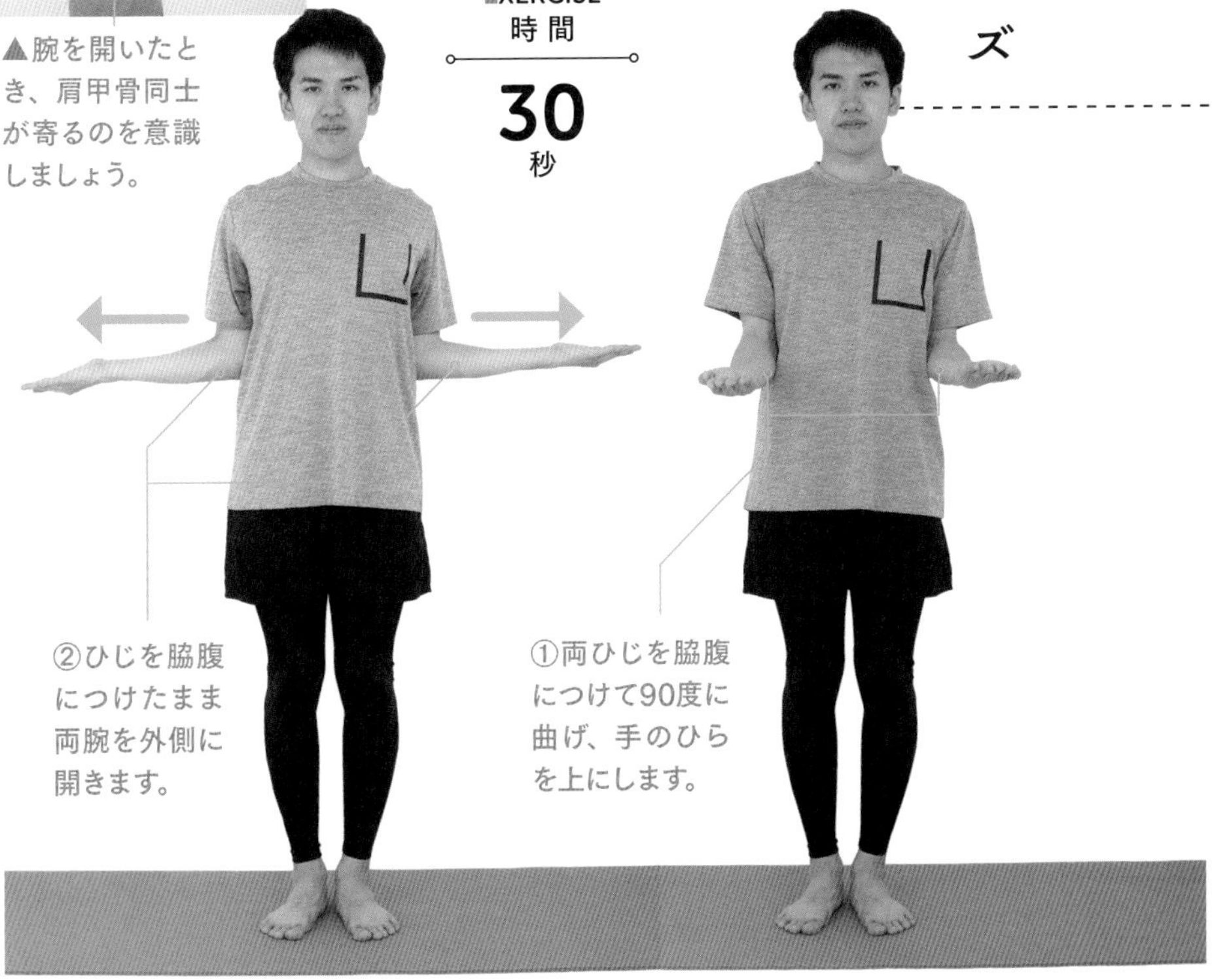

①両ひじを脇腹につけて90度に曲げ、手のひらを上にします。

②ひじを脇腹につけたまま両腕を外側に開きます。

肩甲骨の可動域を広げる③

うしろパタパタエクササイズ

肩甲骨の可動域を広げると同時に、たるんだ二の腕の筋トレにもなるエクササイズです。

うしろ手にした腕を開閉する

真っすぐに立ち、胸を開くようなイメージで両手をうしろに伸ばします。腕の角度は斜め下45度くらい、手のひらは上向きにします。この状態で、内側にある親指同士をくっつけるように30秒間、50回を目安にパタパタと動かします。腕が下がらないように、頑張りましょう。

動画

EXERCISE 時間
30秒

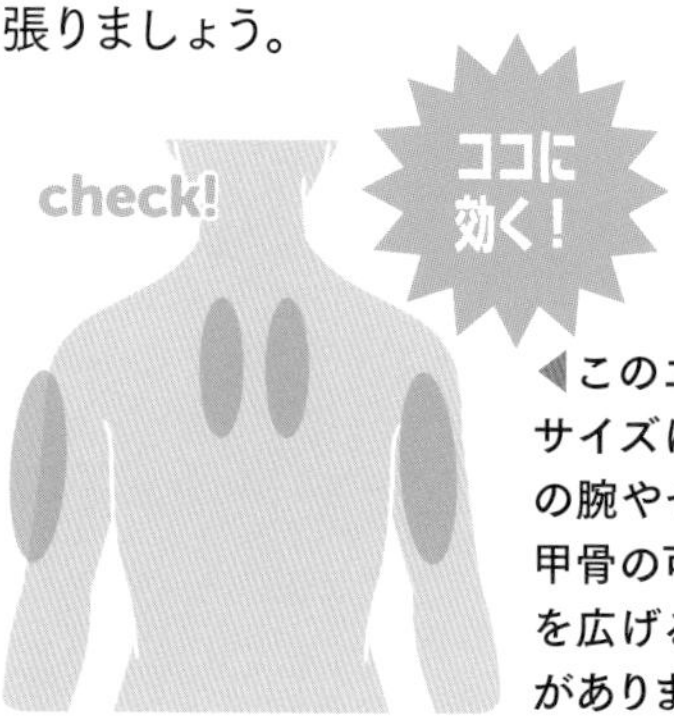
check!
ココに効く！

◀このエクササイズは、二の腕やせ、肩甲骨の可動域を広げる効果があります。

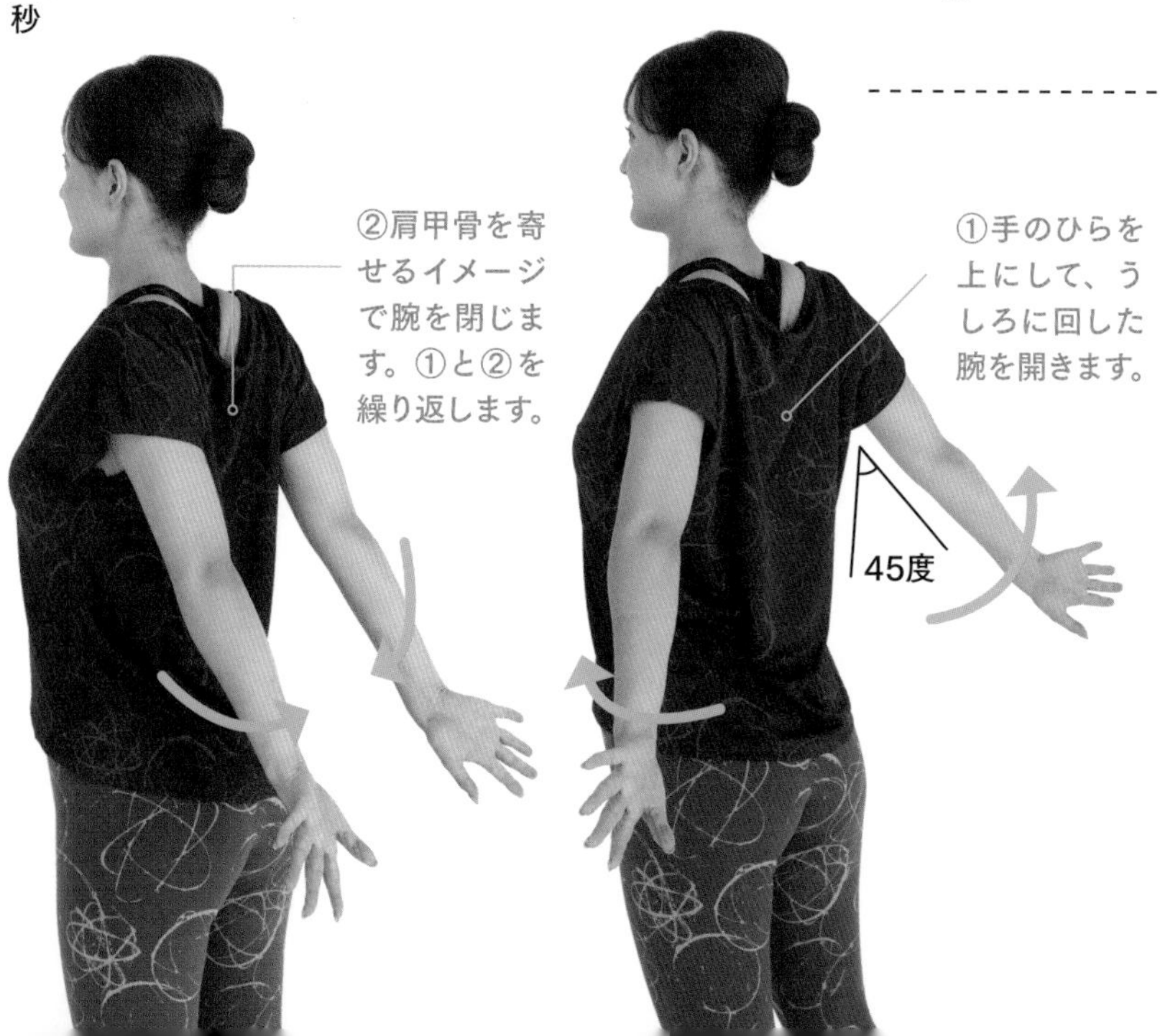
②肩甲骨を寄せるイメージで腕を閉じます。①と②を繰り返します。
①手のひらを上にして、うしろに回した腕を開きます。
45度

肩甲骨の可動域を広げる④

卍エクササイズ

動画

EXERCISE
時間

30
秒

腕を上げるときも下げるときも、ひとつひとつの動きを最大限までひねると効果的です。

卍、逆卍を交互に繰り返す

胸を張って真っすぐに立ち、両手を真横に伸ばし、ひじを90度に曲げます。肩とひじの高さはそのまま、右腕のひじから先を下にひねり、卍の形をつくります。今度は右腕を上にひねると同時に左腕を下にひねり、これを交互に30秒間、30〜40回を目安に繰り返します。

POINT!

猫背にならないよう、胸を張って！

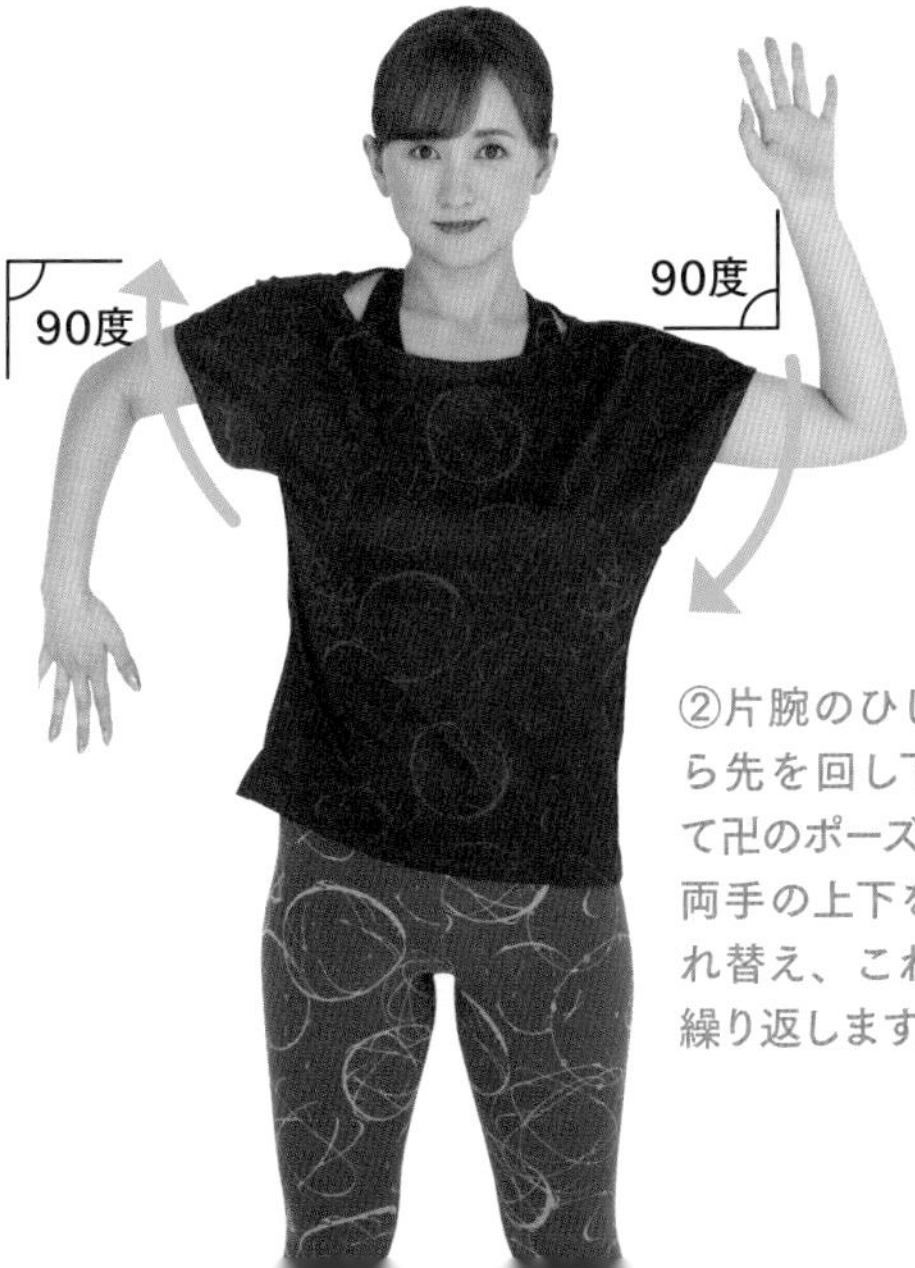

②片腕のひじから先を回し下げて卍のポーズに。両手の上下を入れ替え、これを繰り返します。

①両腕を水平に上げてひじを90度に曲げます。

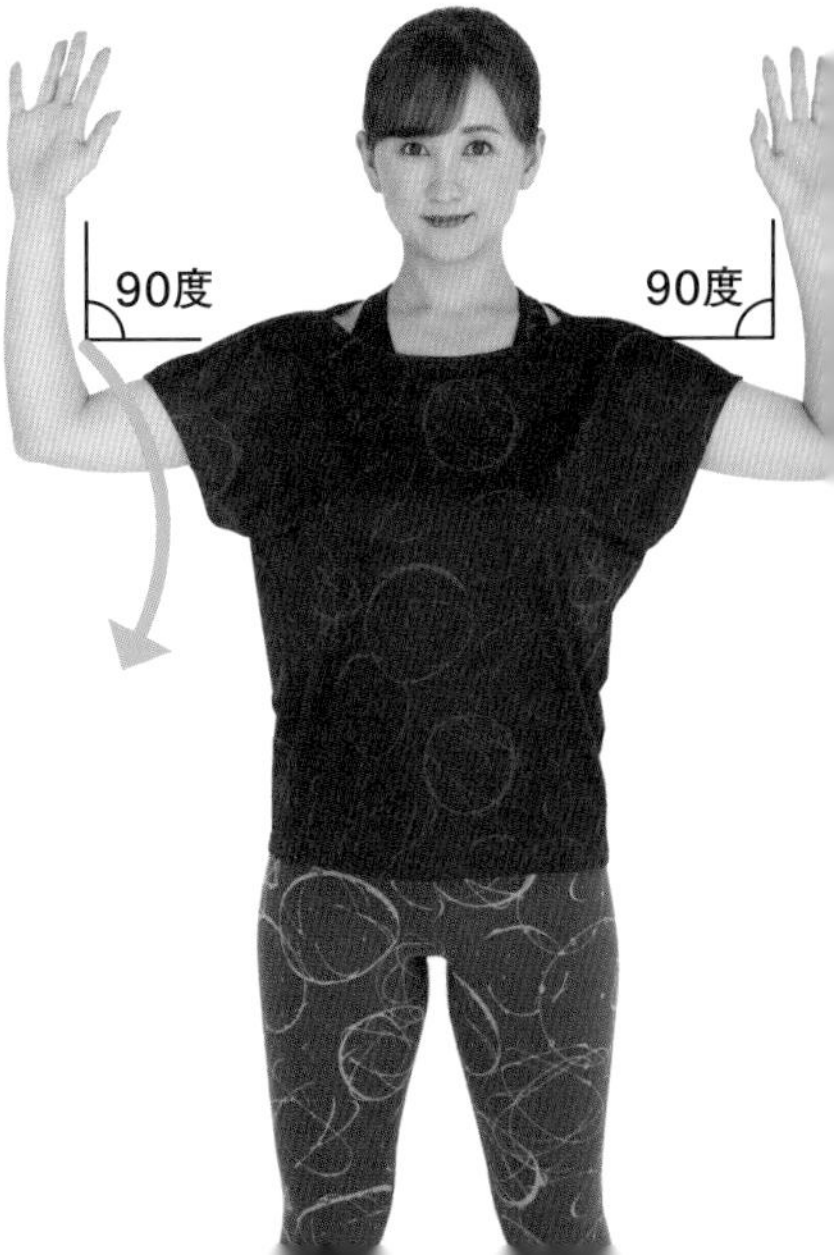

肩甲骨の可動域を広げる⑤

タオル上げ下げエクササイズ

タオルを使って、より効率よく肩甲骨を動かしていきます。

タオルを使ってWエクササイズ

肩幅より広い位置でタオルの端を握り、頭のうしろを通して上げ下げします。肩甲骨をしっかり寄せるイメージで、深呼吸しながら30秒間、15往復を目安におこないましょう。

動画

EXERCISE
時間
30
秒

①肩幅より広い位置でタオルの両側を握り、上げます。

②息を吐きながら、頭のうしろにタオルがくるように腕を下げます。①と②を繰り返します。

▼タオルを下げる際、あごが下がらないよう注意。猫背にならず、真っすぐ上を向いた頭のうしろにタオルを通します。

肩甲骨の可動域を広げる⑥

タオルスライド エクササイズ

タオルを使った肩甲骨のエクササイズです。ワイパーのように腕を振りましょう。

ワイパーの要領で左右運動

肩幅より広い位置でタオルの両端を握って上に持ち上げ、タオルは頭のうしろを通しながら、両腕をワイパーのように左右に振ります。手の先が体の一番遠くを通るイメージで、肩甲骨が動いているのを意識しながら30秒間、20～25回を目安におこないましょう。

動画

EXERCISE 時間

30秒

①タオルの両端を持ってバンザイをします。

▶②タオルを頭のうしろを通して右に振ります。

◀③右腕が体の一番遠くを通るイメージで左に振り、②と③を繰り返します。

慣れてきたら、タオルを持つ両手の間隔を徐々に狭くしていきましょう。

たるんだ二の腕を引き締める！

真上パンチエクササイズ

年齢を重ねるにつれ、ぷよぷよになりがちな二の腕を引き締めるエクササイズです。

真上に向かってパンチ運動

姿勢よく立ち、こぶしを握った両手を真っすぐ上にあげます。片方のひじを曲げ、左右のこぶしを交互にパンチするように振り上げます。あごが下がらず、ひじが耳より前に出ないよう注意しながら30秒間、50回を目安におこないましょう。

動画

EXERCISE
時間
30
秒

◀下げた側のこぶしはしっかり背中につくイメージで。

①右のこぶしで真上をパンチ。

②左のこぶしで真上をパンチ。①と②を繰り返します。

▼ひじが耳より前に出るのはNG。ひじは耳のラインよりうしろをキープしましょう。

NG

二の腕と肩甲骨を同時にエクササイズ!

うしろハンガーエクササイズ

ハンガーやラップの芯を使用したややハードなエクササイズです。肩甲骨を動かす効果もあります。

二の腕に力を入れて上下運動

うしろ手にハンガーの両端を挟みます。腕を曲げ、角度を斜め下45度にセットします。ひじの位置を変えずに、ハンガーが落ちないよう二の腕に力を入れながら、肩甲骨同士をくっつけるようなイメージで、両ひじの曲げ伸ばしを繰り返します。30秒間で20〜25往復を目安におこないましょう。

動画

EXERCISE 時間

30秒

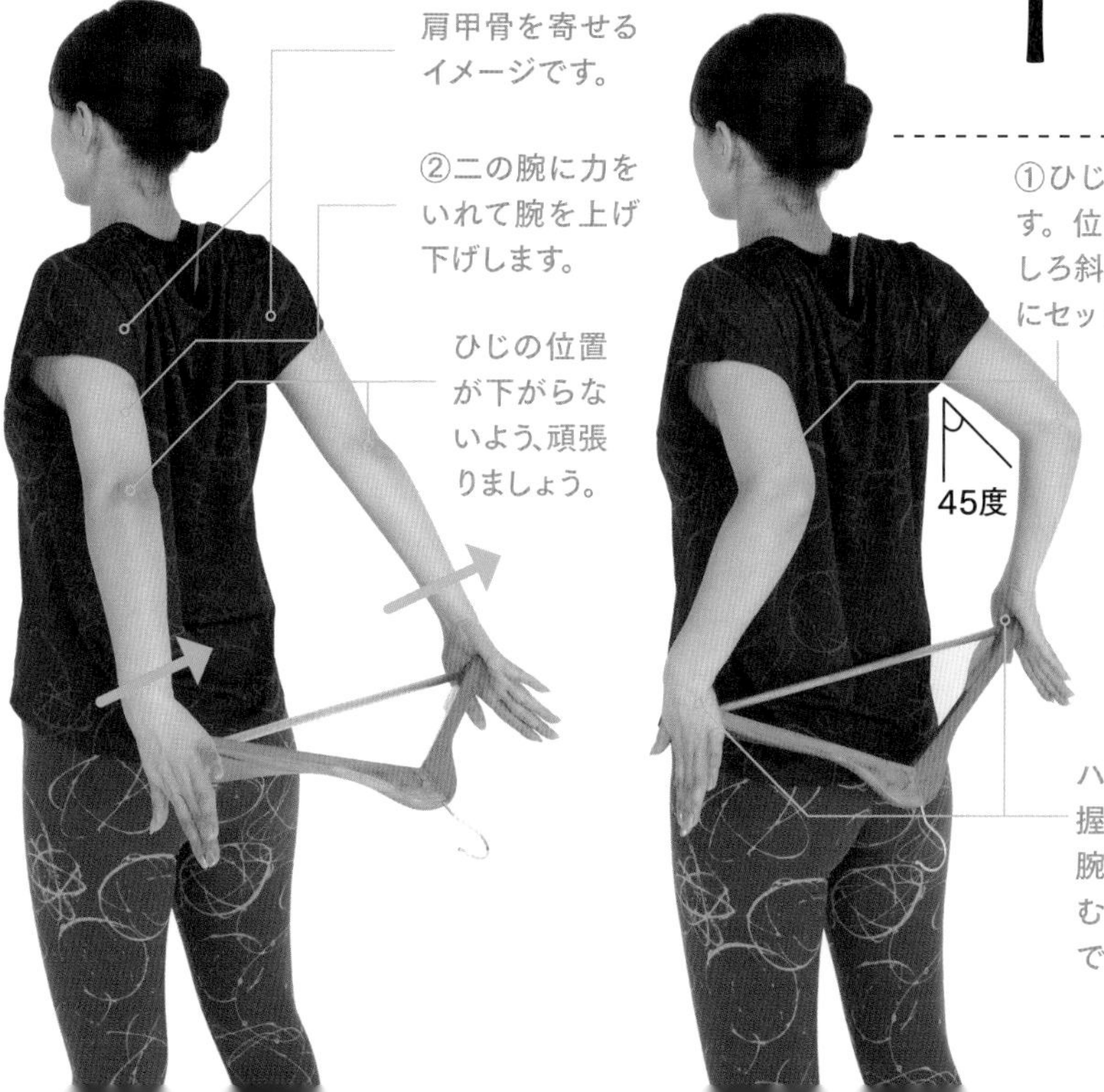
肩甲骨を寄せるイメージです。
②二の腕に力をいれて腕を上げ下げします。
ひじの位置が下がらないよう、頑張りましょう。
①ひじを曲げます。位置は、うしろ斜め下45度にセットします。
45度
ハンガーは握らず、二の腕の力で挟むイメージです。

背中のぜい肉をスッキリさせる！①

バタフライエクササイズ

背筋を鍛え、背中のぜい肉をスッキリさせるエクササイズです。

step 1

time ▸ 30sec.

うつ伏せで上半身を軽く起こす

うつ伏せになり、背筋を使って軽く上半身を起こし、両腕を前に伸ばします。この際、あごは上げないように注意しましょう。腰も反らせすぎないようにしましょう。

動画

EXERCISE 時間

30秒

NG

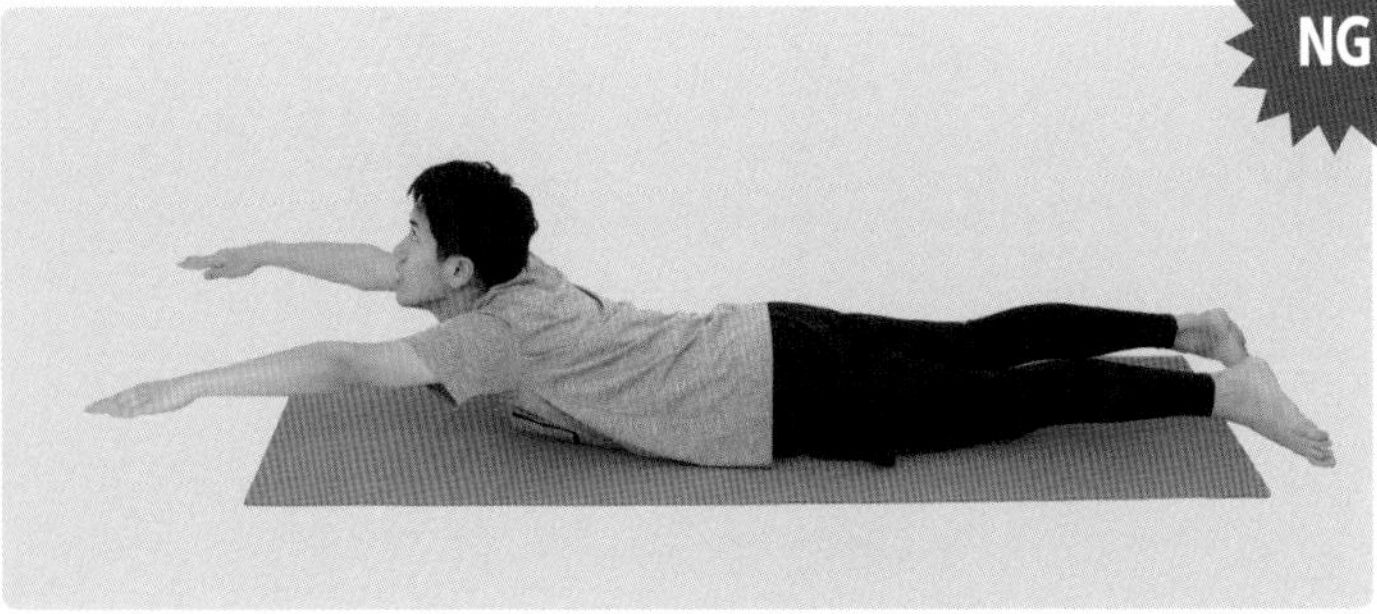

▲体を浮かす際、あごは上げないようにします。

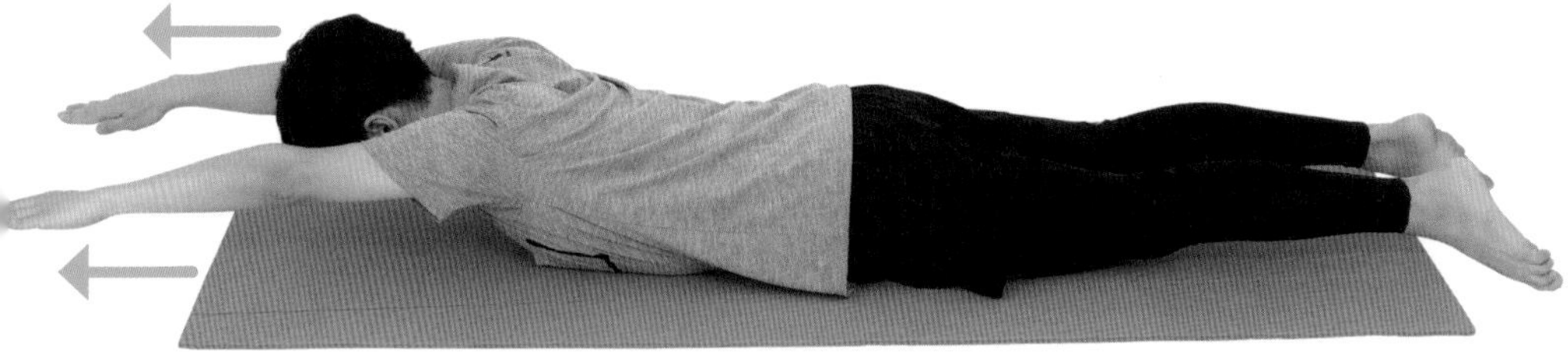

①背筋を使って体を浮かせ、両腕を前に伸ばします。

step 2

両腕でお尻にタッチ

両腕で大きな円を描くように回して、お尻にタッチし、同じ軌道で腕を元に戻します。背中の筋肉を使っているのを意識しながら30秒間、15～20往復を目安におこないましょう。

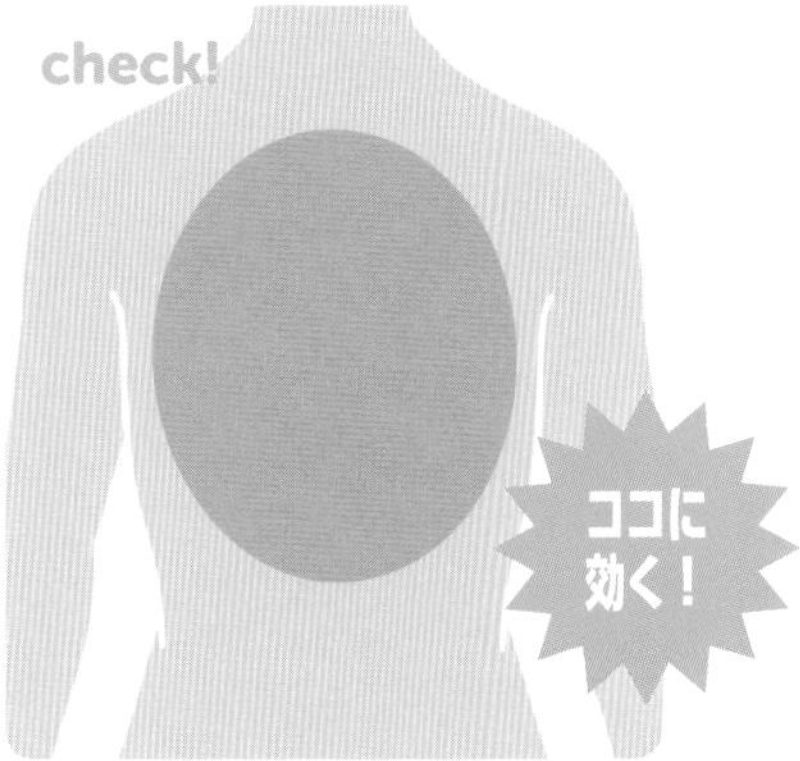

▲このエクササイズは、背筋を刺激し、背中のぜい肉をスッキリさせる効果が期待できます。

◀あごが上がると反り腰になってしまうので要注意。腰に痛みがある人は、無理しておこなわないでください。

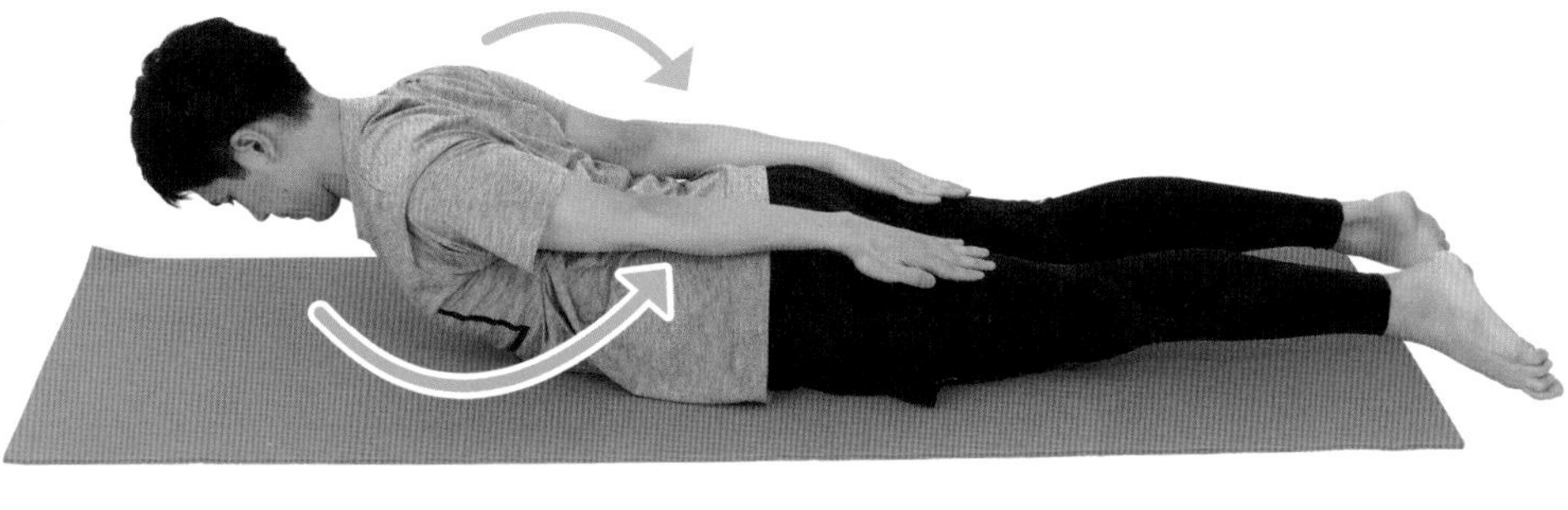

②大きな円を描くように腕を回し、お尻にタッチし、再び腕を前に戻します。この動作を繰り返します。

step 2

背中のぜい肉をスッキリさせる！②

スイミングエクササイズ

バタフライと同じく、背中のぜい肉をスッキリさせるエクササイズです。

step 1

time ▸ 30sec.

左腕と右脚を上げる

うつ伏せで寝転び、両腕を伸ばして上半身と脚を少し浮かせたところからスタート。左腕と右脚を上げます。

動画

EXERCISE 時間 30秒

①うつ伏せで寝転び、腕を伸ばして上半身と脚を少し浮かせます。

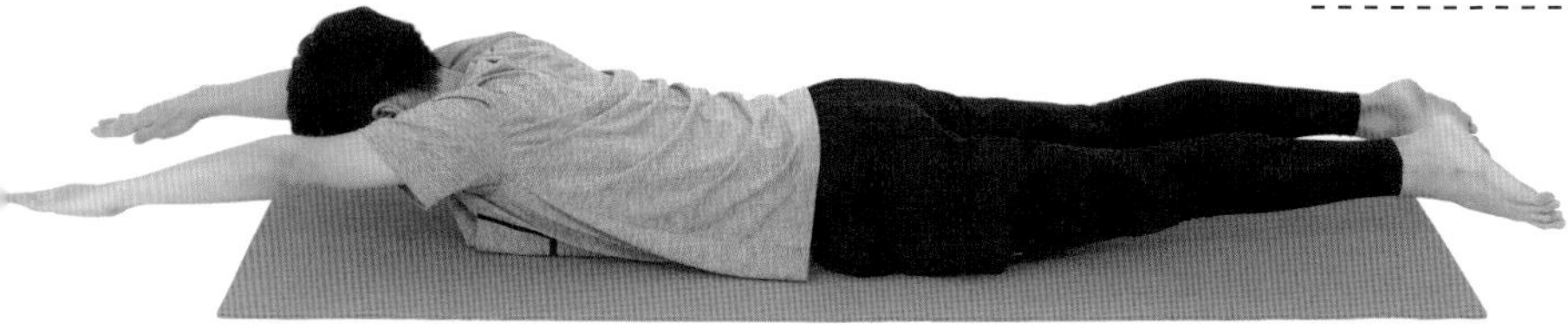

②左腕と右脚を同時に上げます。

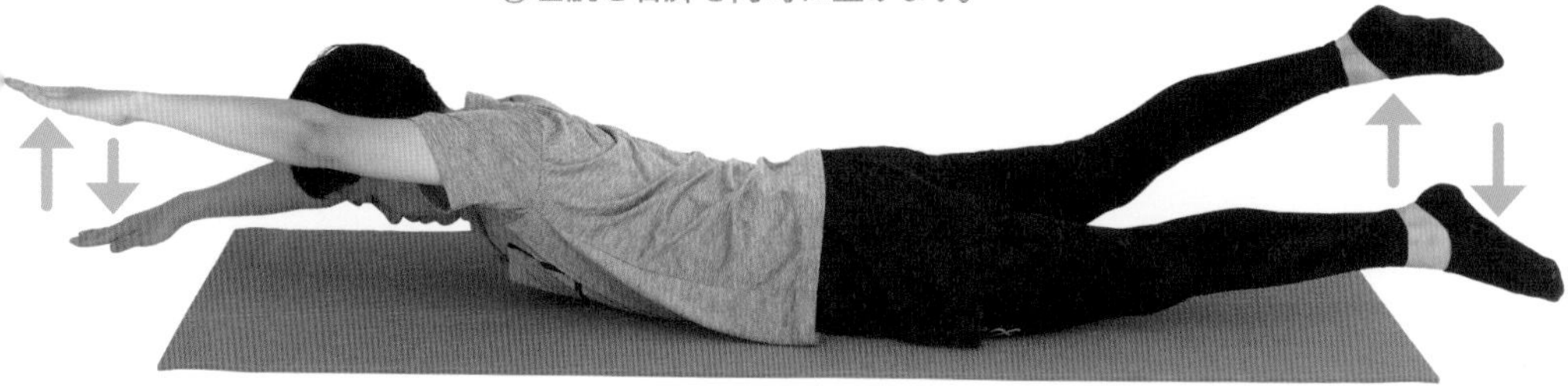

step 2

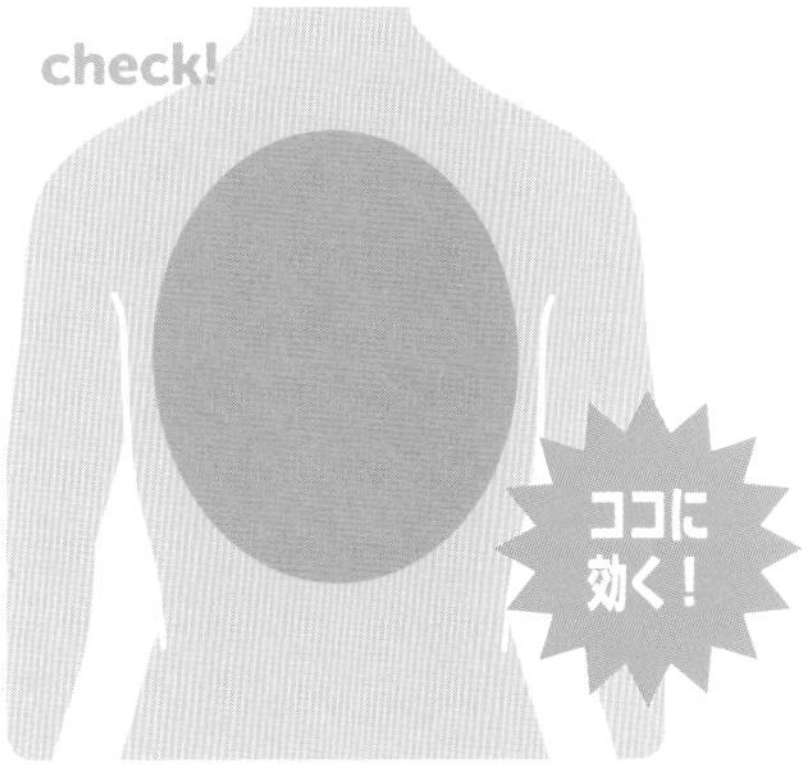
check!
ココに
効く！

▲このエクササイズは、バタフライ同様、背筋を刺激し、背中のぜい肉をスッキリさせる効果が期待できます。

右腕と左脚を上げる

次に左腕と右脚を下げると同時に、右腕と左脚を上げます。これを交互に繰り返します。背中の筋肉を使っているのを意識しながら30秒間、40回を目安におこないましょう。

NG

◀あごが上がると反り腰になってしまうので注意しましょう。腰に痛みがある人は、無理しておこなわないでください。

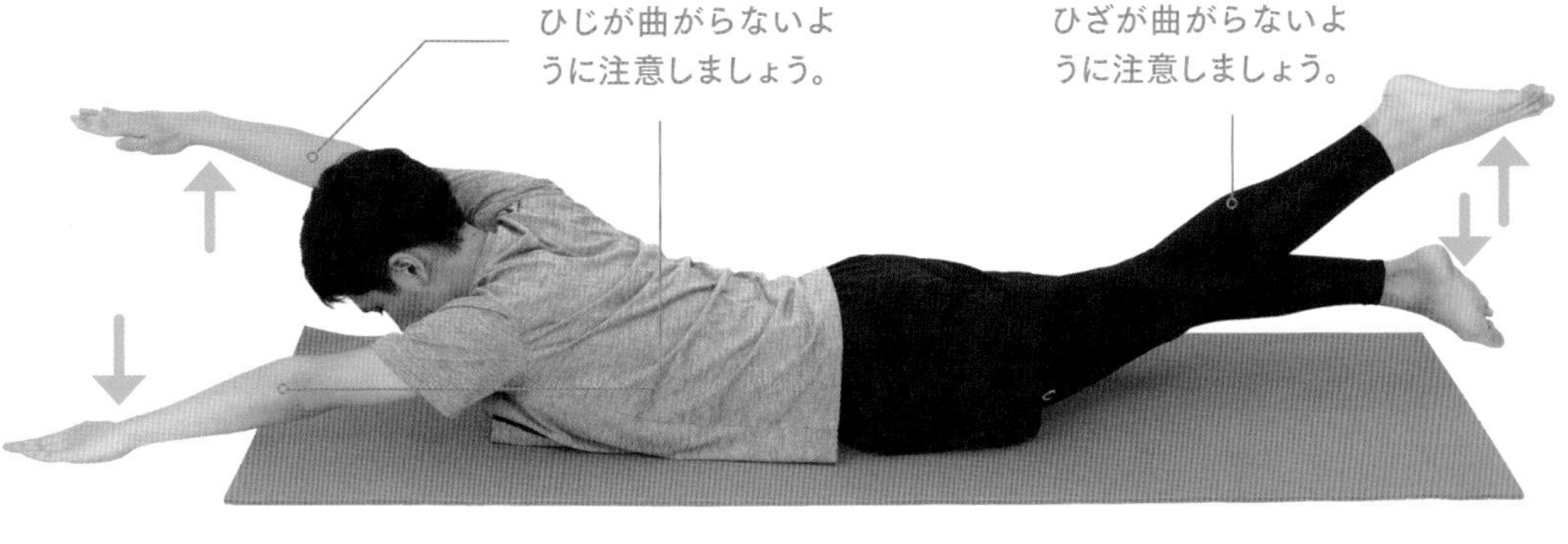
ひじが曲がらないように注意しましょう。
ひざが曲がらないように注意しましょう。

③右腕と左脚を上げると同時に、左腕と右脚を下げます。

step 2

腹筋を鍛えてポッコリお腹を解消①

体育座りひねりエクササイズ

お腹の中央の腹直筋《ふくちょくきん》と、脇腹の腹斜筋《ふくしゃきん》を鍛えるエクササイズです。

step 1

time ▸ 30sec.

体育座りで体を左右にひねる

体育座りをして、腹筋に力を入れ、上半身をやや後方に傾けます。体の前で両手を重ね合わせ、その両手で小さな弧を描きながら体を左右にひねります。腹筋を使っているのを意識しながら30秒間、30回を目安におこないましょう。

動画

EXERCISE 時間

30秒

①体育座りをして、体をうしろに傾けます。

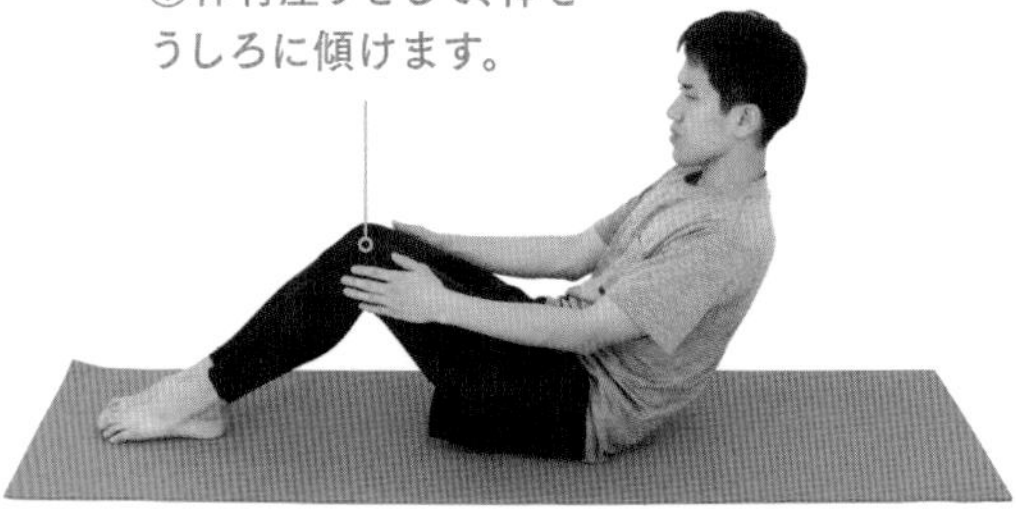

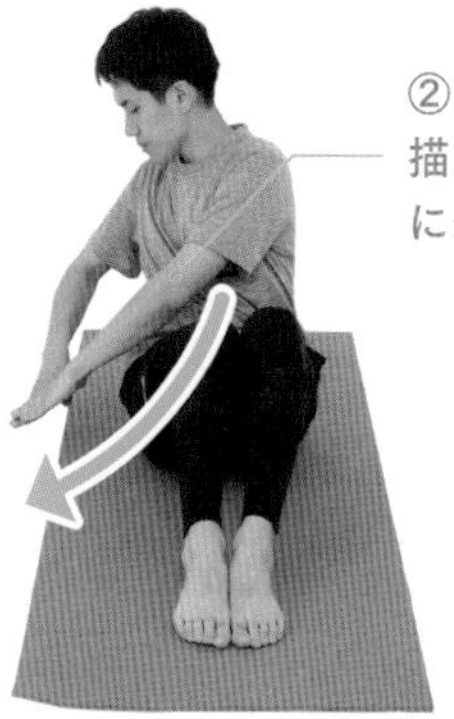

②重ねた両手で弧を描くよう右に傾け床にタッチ。

③右から左に傾けて床にタッチ。②と③を繰り返します。このとき、猫背にならないようにしましょう。

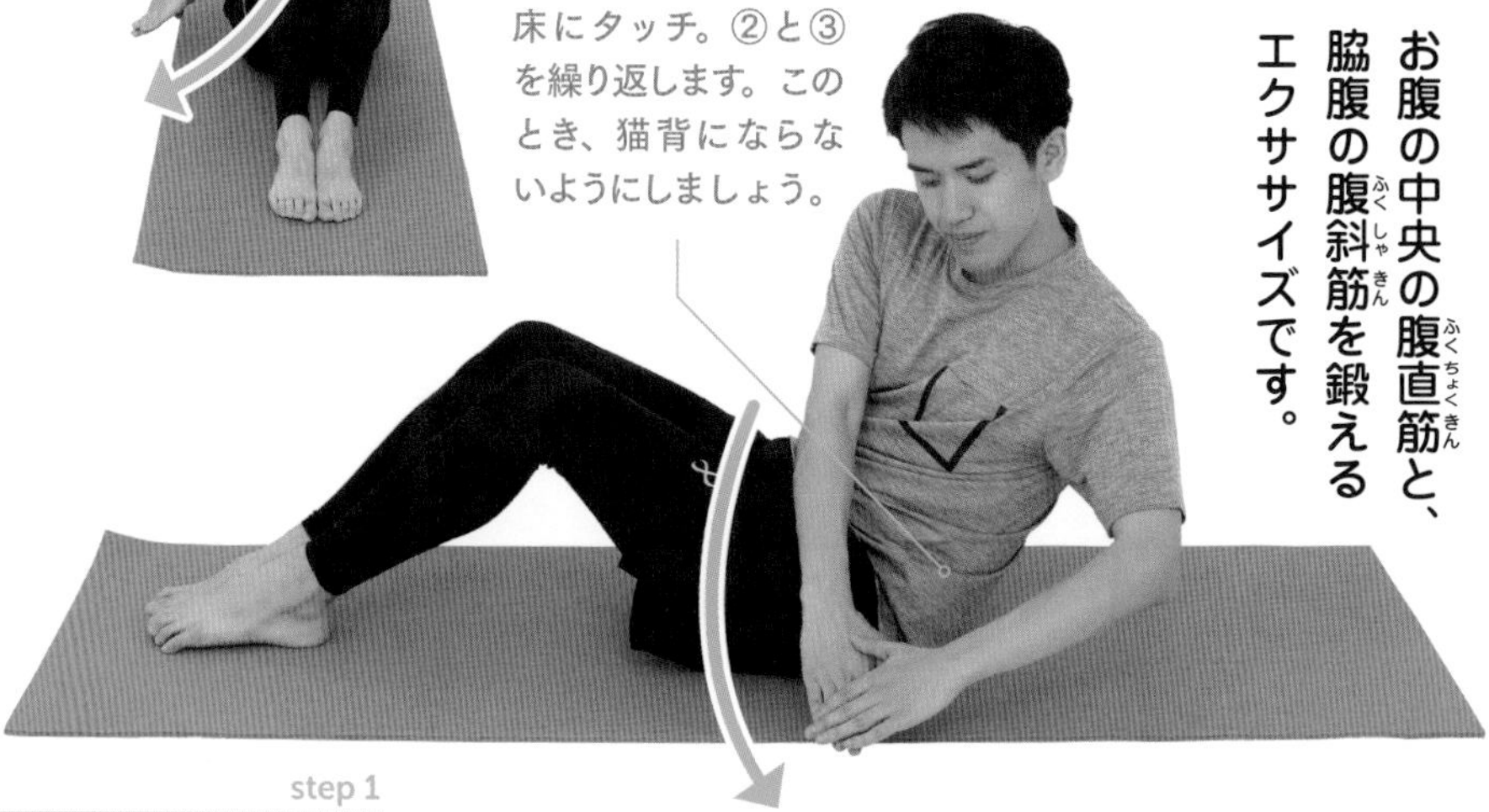

step 2

足を浮かせて左右にひねる

余裕のある人はstep1と同じ動きを、両足を床から離し、浮かせた状態でチャレンジしてみましょう。同じく30秒間、30回を目安におこないます。

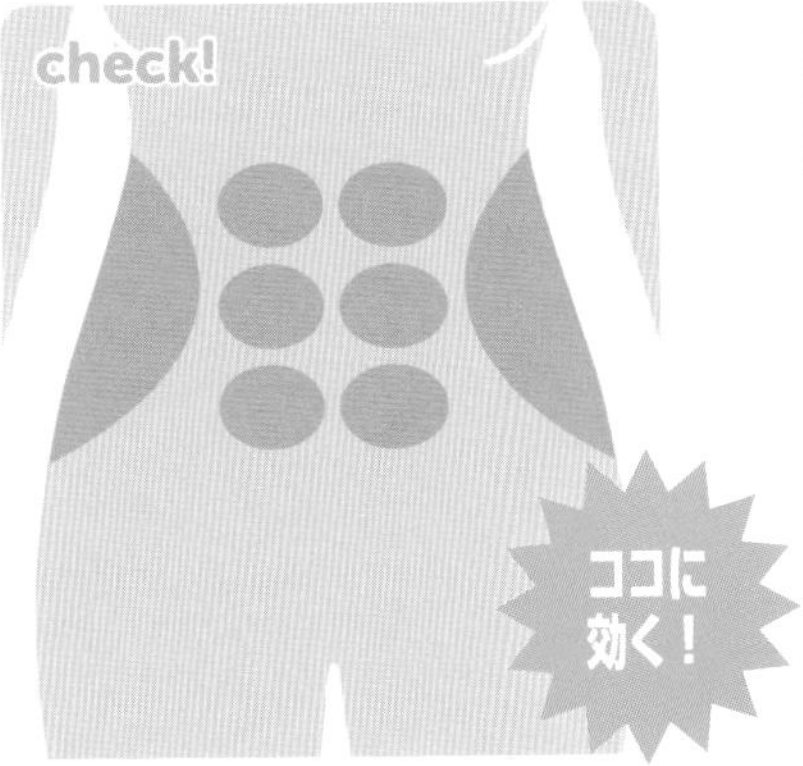
check!
ココに
効く！

▲このエクササイズは腹直筋と、腹斜筋を刺激します。

両足を浮かせます。
腰が反らないよう
注意しましょう。

POINT!

ひねりが加わるため、ウエストくびれ効果も！

step 2

腹筋を鍛えてポッコリお腹を解消②

お尻振りエクササイズ

体育座りひねり同様、腹直筋と腹斜筋を鍛えるエクササイズです。

step 1

time ▸ 30sec.

プランク姿勢をとる

うつ伏せの状態から、ひじをつき、つま先で体を支え、かかと、お尻、肩のラインを一直線に保つ「プランク」姿勢からスタートします。

動画

EXERCISE 時間 30秒

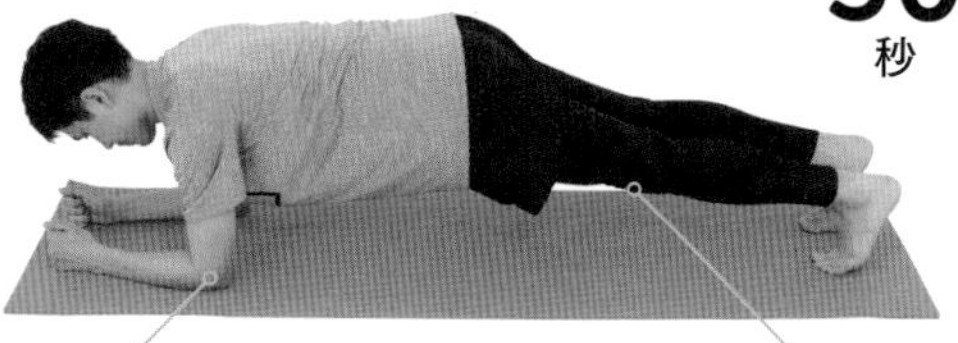

両ひじは肩幅に開きます。

つま先は腰幅に開きます。

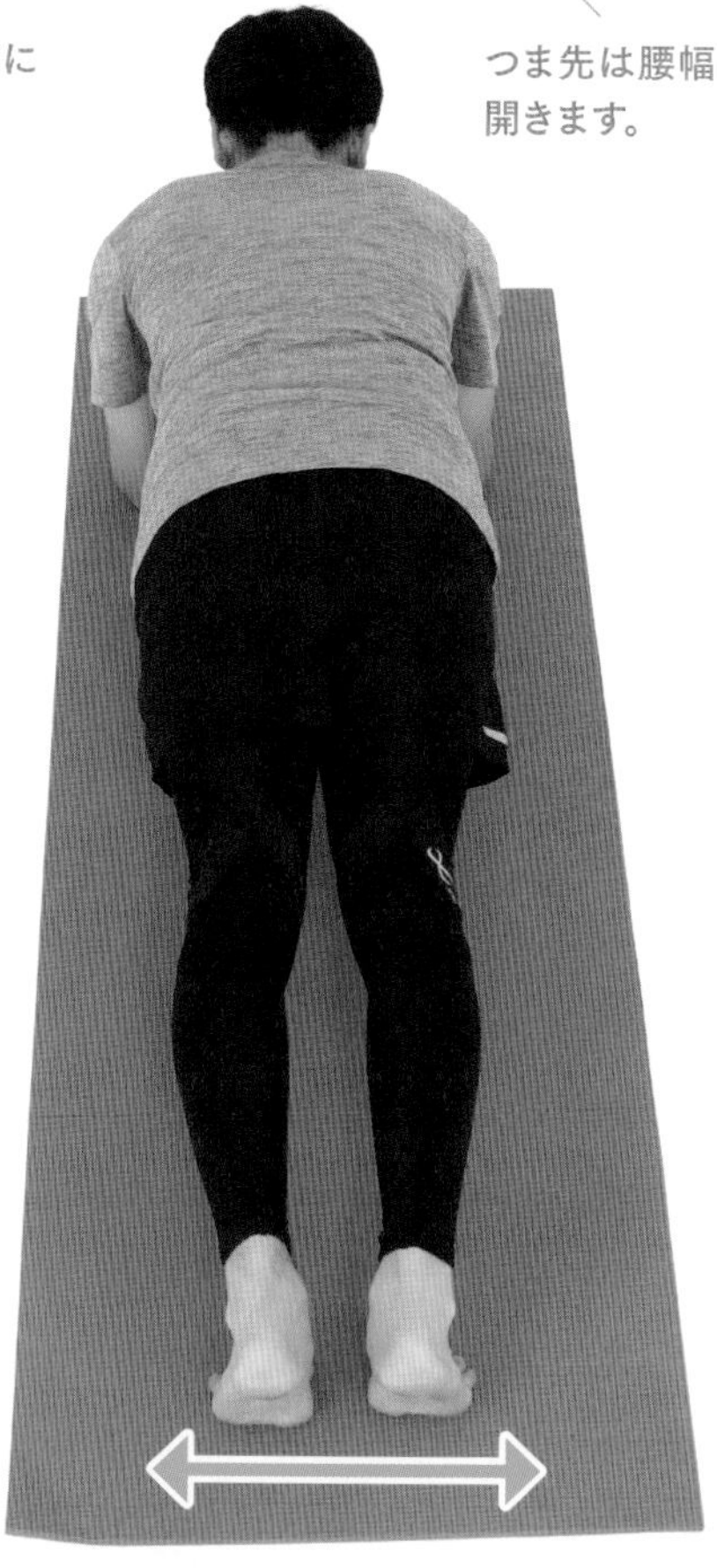

step 1

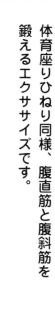

step 2

▲このエクササイズは腹直筋と腹斜筋を刺激します。

お尻を左右に振る

プランク姿勢から、つま先、ひじを軸に、お尻を左右交互に倒します。腹筋と脇腹に効いているのを意識しながら、30秒間、20回を目安におこないましょう。

▶お尻を左右に振る際は、お尻の側面が床についてはいけません。

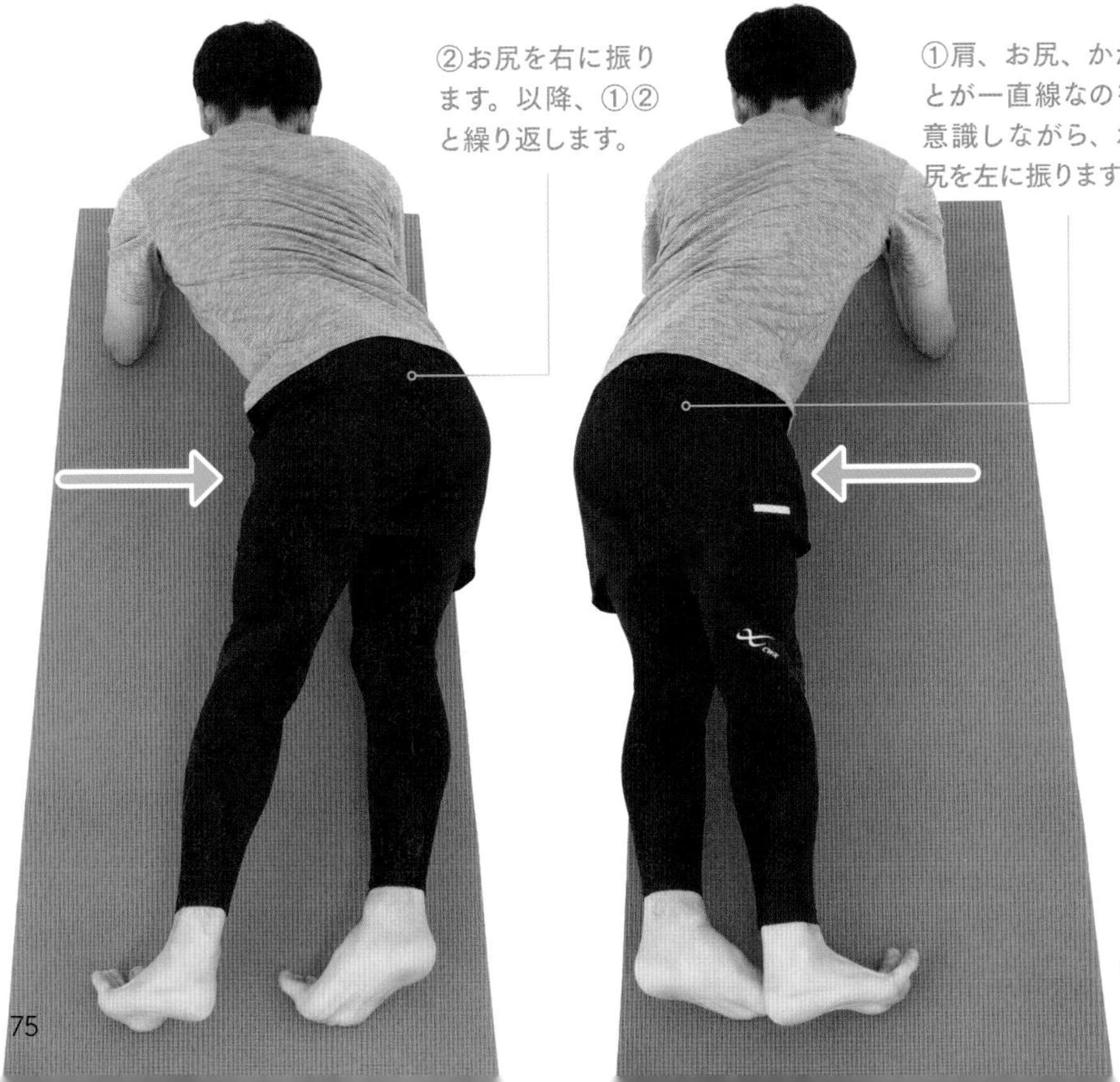

①肩、お尻、かかとが一直線なのを意識しながら、お尻を左に振ります。

②お尻を右に振ります。以降、①②と繰り返します。

腹筋を鍛えてポッコリお腹を解消③

立ち腹筋

エクササイズ

スペースがとれないという人にオススメの腹筋エクササイズです。

step 1

time ▶ 30sec.

脚を上げながら上半身を傾ける

両足を腰幅に開き、つま先はやや外側に向けて姿勢よく立ち、両手を頭のうしろに添えます。カエル脚になるよう左脚を上げると同時に、脇腹とひざを近づけるように上半身も左側に傾けます。

動画

EXERCISE 時間

30 秒

①両手を頭のうしろにセットします。

足は腰幅に開きます。

左脚を上げると同時に、上半身を左側に傾けます。

②カエル脚になるように、左脚を上げます。

step 1

step 2

カエル脚を交互に繰り返す

今度は反対に、上半身を右側に傾けながら、右脚を上げます。これを交互に繰り返します。30秒間、20回を目安におこないましょう。途中、背中が丸まらないよう注意します。スピードを上げる必要はありませんので、ひとつひとつの動作をしっかりおこないましょう。

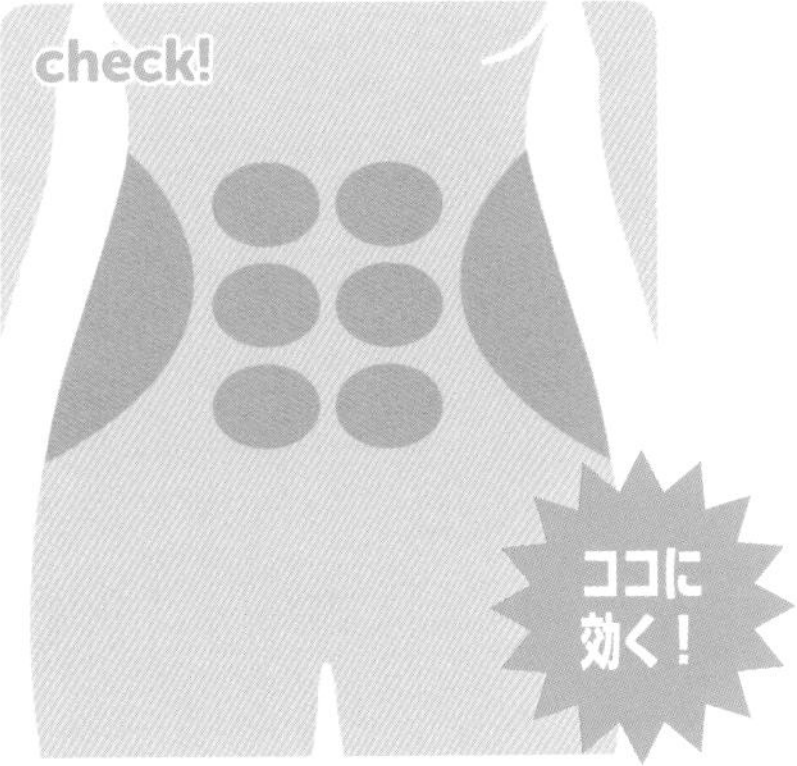

▲このエクササイズは腹筋を刺激。上半身の動きを加えたエクササイズですので、ウエストのくびれ効果も期待できます。

▲上半身が真っすぐのままはNG。しっかりと動きを加えることが重要です。

③左右逆をおこない、足踏みするように繰り返します。

step 2

お尻の筋肉を鍛えてヒップアップ!

カエルヒップリフトエクササイズ

お尻の筋肉を効率的に鍛えるエクササイズです。引き締まったお尻を目指しましょう。

動画

EXERCISE 時間

30秒

step 1

time ▸ 30sec.

カエル脚で仰向けに寝転ぶ

仰向けに寝て、足の裏を合わせてひざを開き、カエル脚の状態にします。両手は体の横に、リラックスした状態でOKです。

POINT!

恥骨から上げるように意識しましょう!

①仰向けに寝て、足の裏を合わせてひざを開きます。

step 2

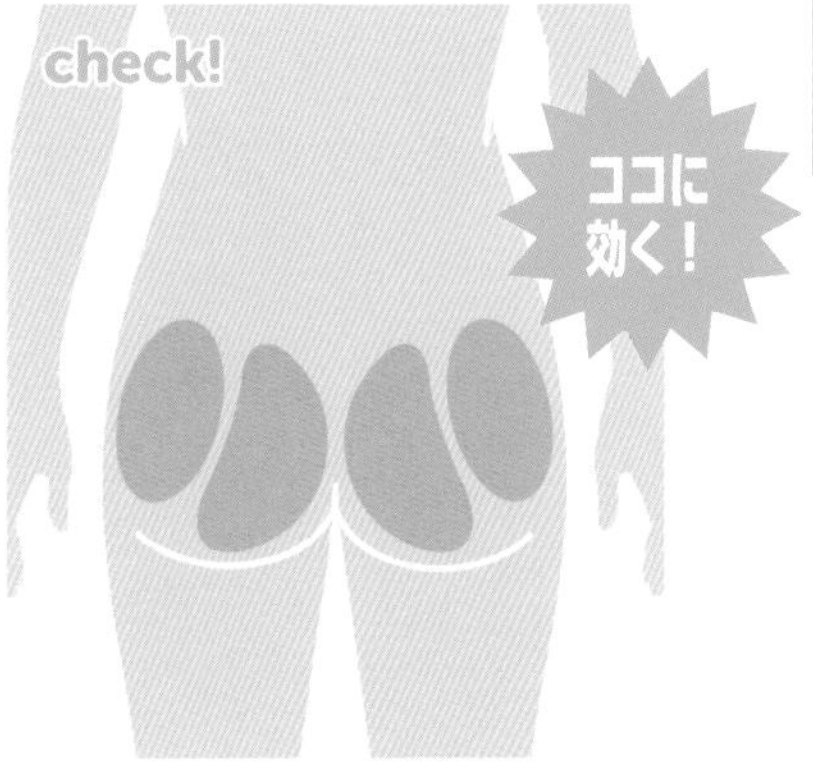

▲このエクササイズは臀筋を刺激。ヒップアップ効果が期待できます。

腰を浮かしてお尻を締める

カエル脚の状態で、肩と足を支点に息を吐きながらお尻を浮かせます。お尻をキュッと締めることを意識しながら30秒間、15回を目安に上げ下げしましょう。下げるときに息を吸い、お尻を床につけずに続けることがポイントです。

◀状態が反りすぎると、腰にダメージを与えてしまう危険があるので、注意しましょう。肩からひざのラインが直線になることを意識しましょう。

②お尻を浮かせながらキュッと締めます。①と②の姿勢を繰り返します。

step 2

step 1 time ▸ 30sec. × 2

お尻と太ももを同時に引き締める!

ひざパカ エクササイズ

お尻の外側の筋肉を刺激するエクササイズで美しい下半身を目指しましょう。

動画

EXERCISE 時間
左右各
30
秒

ひざを曲げて横向きに寝る

腕枕の状態で横向きに寝て、横向きがキープできるよう上の手を腰にセット。重ねた両ひざを90度に折り曲げます。

POINT!

足はかかとをくっつけます!

②重ねたひざを
90度に折り曲げ
ます。
90度
①腕枕して横向
きに寝転びます。

step 1

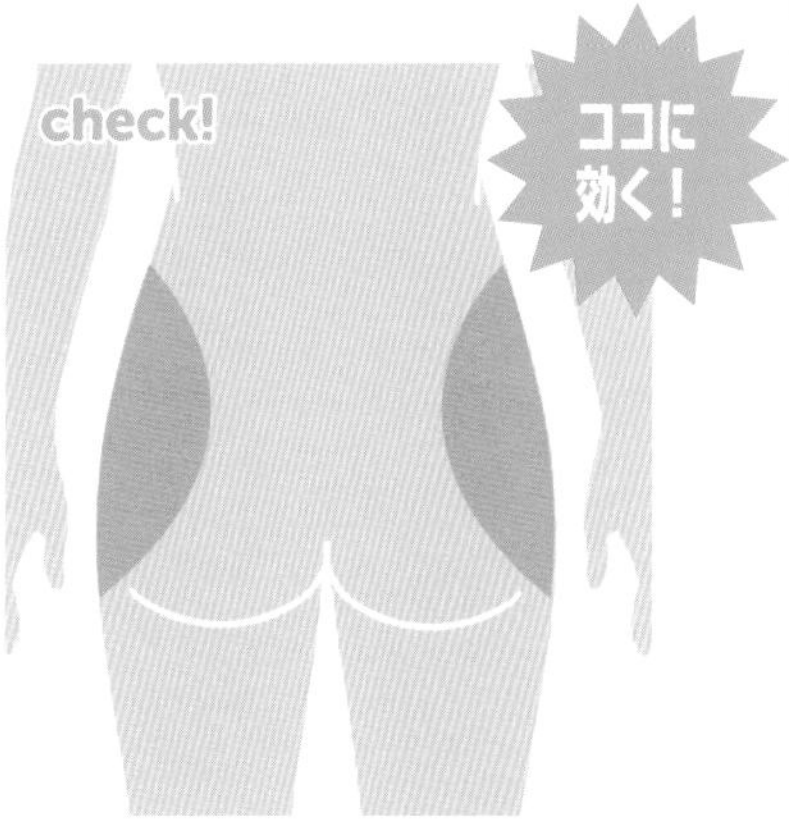

▲このエクササイズは中臀筋を刺激します。

step 2

上のひざを開閉させる

両足のかかとはくっつけたまま、上のひざを開閉します。開くときは、できるだけ限界まで開きましょう。お尻の筋肉が使われているのを意識しながら30秒間、開閉運動を続けます。体の向きを変えて、逆向きもおこないます。

◀上半身が開いてしまわないようにしましょう。腰に手を当てストッパーにして、お尻のお肉が床につかないようにおこないましょう。

③両かかとをつけたまま、上のひざを開閉します。

step 2

うしろキック エクササイズ

お尻ともも裏を同時に鍛えてヒップアップ！

お尻の筋肉とハムストリングス（太ももの裏側）を鍛えて美尻を目指しましょう。

動画

EXERCISE
時間
30
秒

step 1

time ▸ 30sec. × 2

四つん這いで片脚を伸ばす

手は肩幅で四つん這いになり、片脚を体と並行になるように真っすぐ伸ばします。肩、腰、足首のラインが一直線になるように意識しましょう。

POINT!

上げるときに息を吐きます！

▼四つん這いになって片脚を伸ばします。

step 2

伸ばした脚を持ち上げる

伸ばした片脚を、お尻の筋肉ともも裏の筋肉（ハムストリングス）を使って持ち上げ、元の水平位置に戻します。お尻の筋肉も使っていることを意識しながら30秒間、15回を目安に上げ下げしましょう。もう片方の脚でもおこないます。

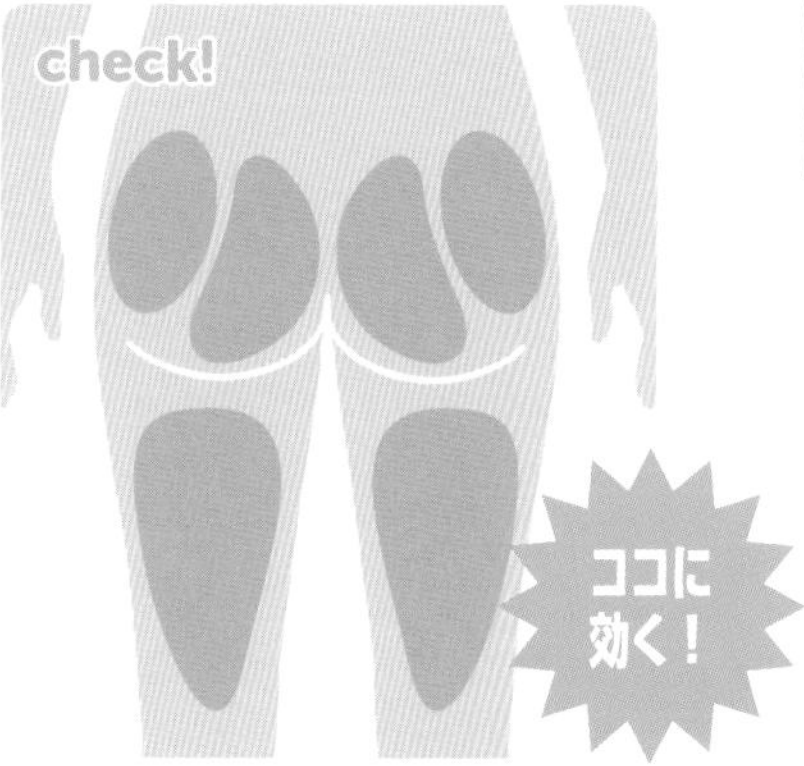

▲このエクササイズは臀《でん》筋《きん》とハムストリングスを刺激します。

動画はこちらのエクササイズの解説になっています

◀腰が痛い人は、ひざを曲げて、左脚を上げてもOKです。

▼脚を伸ばしたまま持ち上げ、元の水平位置に戻します。

step 2

すっきり見える〝やせ脚〟に！

またバサミエクササイズ

太ももの内側を鍛えて、すっきりシルエット美脚を目指しましょう。

動画

EXERCISE 時間

30秒

step 1

time ▸ 30sec.

くるぶしでタオルを挟む

仰向けになり、両くるぶし（もしくは足の裏）でたたんだタオル（またはクッション）を挟みます。腰が浮いて、床との間に隙間ができないように注意しましょう。両手は体の脇に、だらんと置いてOKです。

◀逆から見るとこのようになります。

step 1

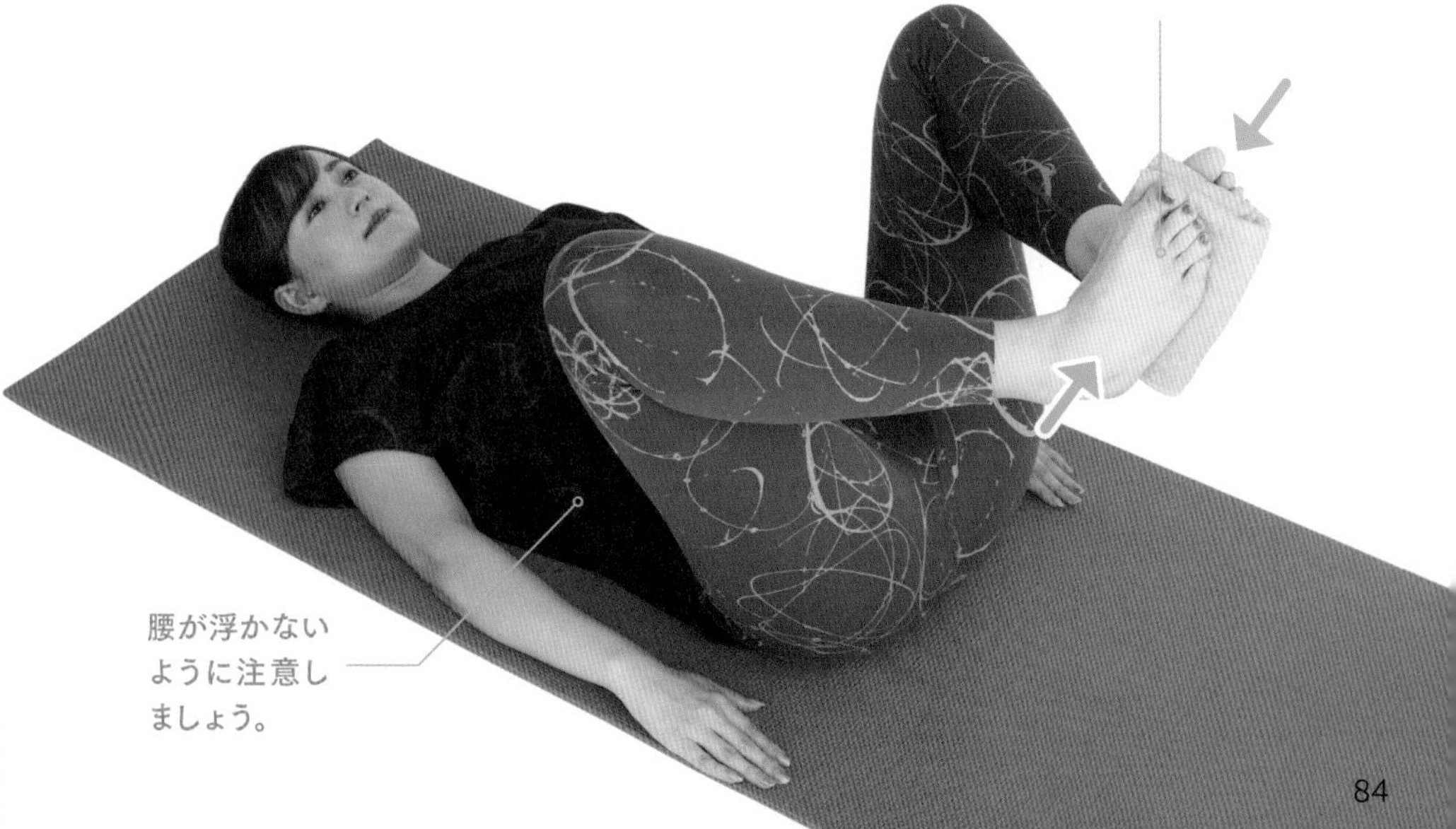

①両くるぶしの間にタオルを挟みます。慣れないうちは、足の裏で挟んでもOKです。

腰が浮かないように注意しましょう。

step 2

タオルを潰す

タオルを落とさないようにかかとを上げ、ひざを閉じながら、内ももの力を使ってタオルを潰します。息を吐きながら全力で3秒間潰し、ひざを開いて休みます。30秒間に5〜6回を目安におこないましょう。

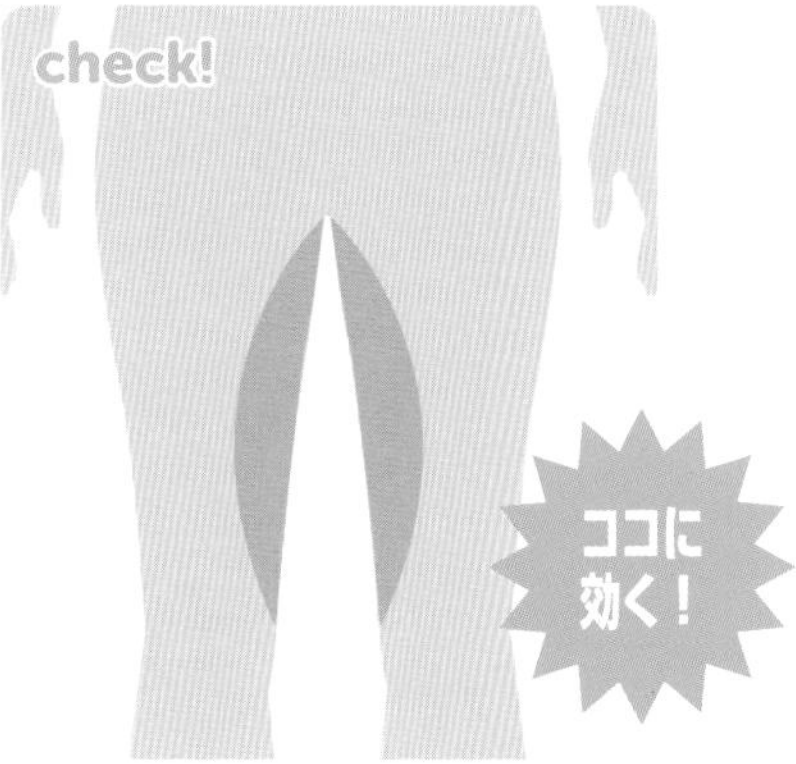

▲このエクササイズは内転筋を刺激します。

タオルを潰すときは全力で！

◀逆から見るとこのようになります。

step 2

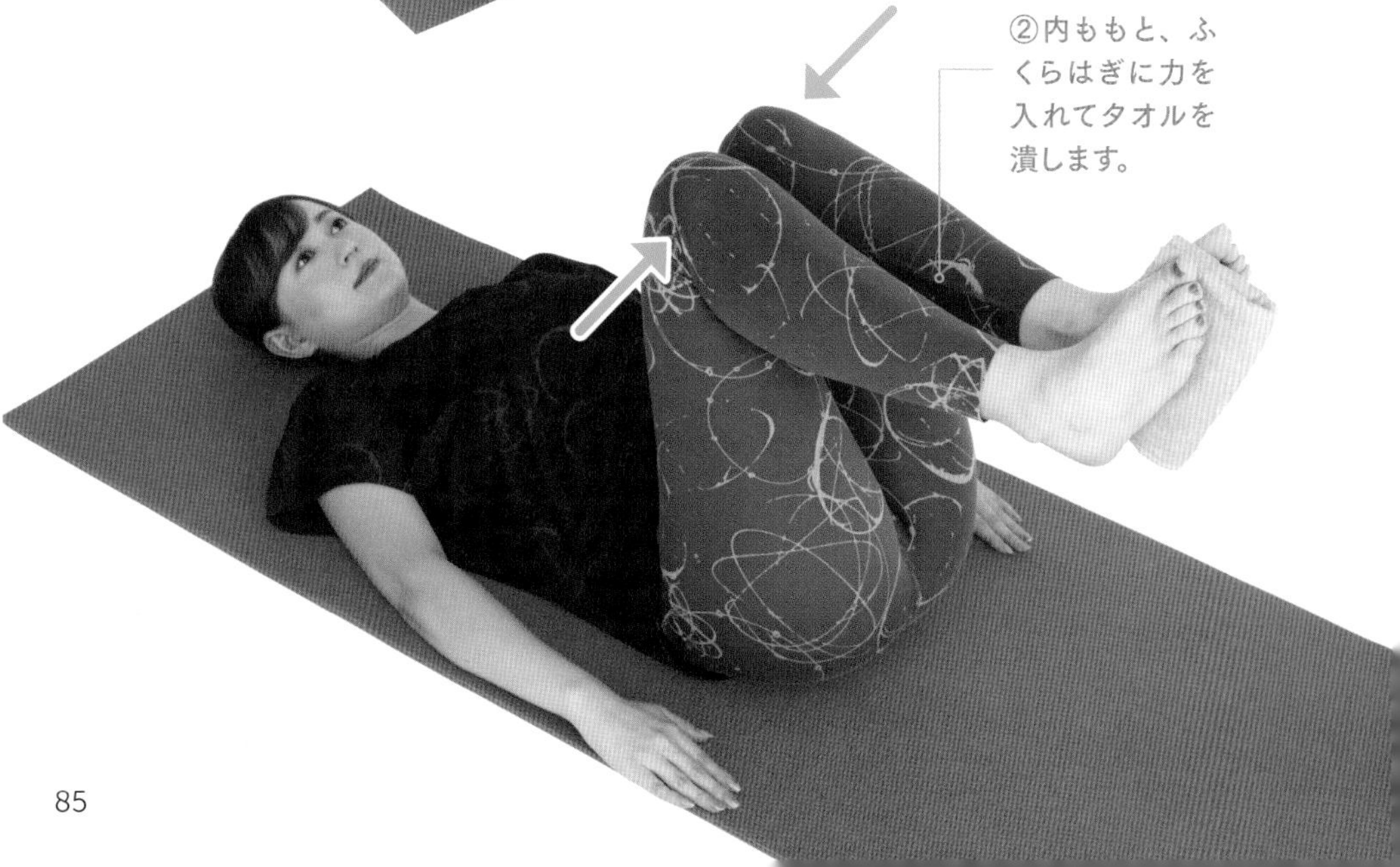

②内ももと、ふくらはぎに力を入れてタオルを潰します。

time ▸ 30sec.

step 1

足の指でタオルをつかむ

床に座り、両手をうしろについて体を支え、両脚を90度に曲げてひざを立て、足の指で小さなタオル（またはくつ下やハンカチなど）をつかみます。

動画

EXERCISE 時間

30秒

ふくらはぎを鍛えてメリハリ美脚に！

足指つかみエクササイズ

ふくらはぎを鍛えてメリハリある脚を目指しましょう。足の甲のストレッチにもなります。

床に座り、足の指でタオルをつかみます。

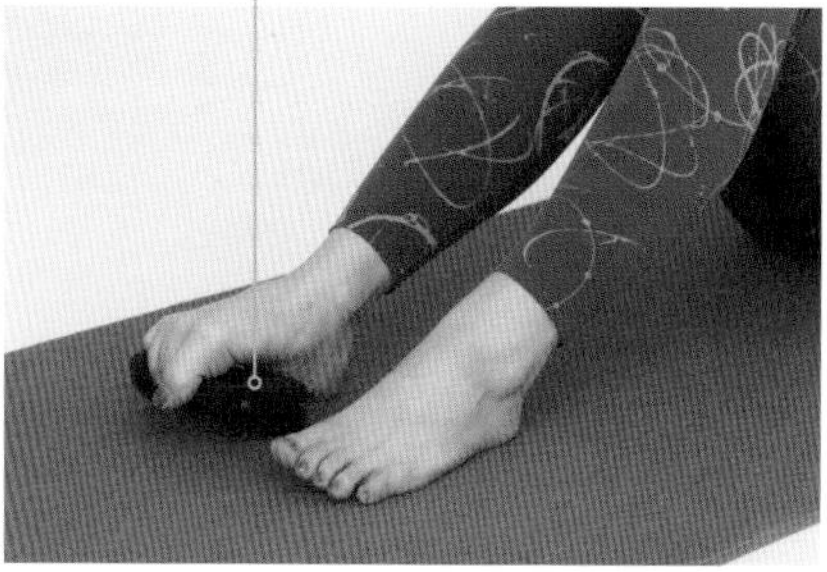

step 1

step 2

タオルを持ち上げる

かかとを起点にして、タオルを落とさないように足首を曲げ伸ばしします。ふくらはぎの筋肉を使っているのを意識しながら30秒間、15～20回を目安におこないましょう。片方ずつでも、両足同時でもOKです。

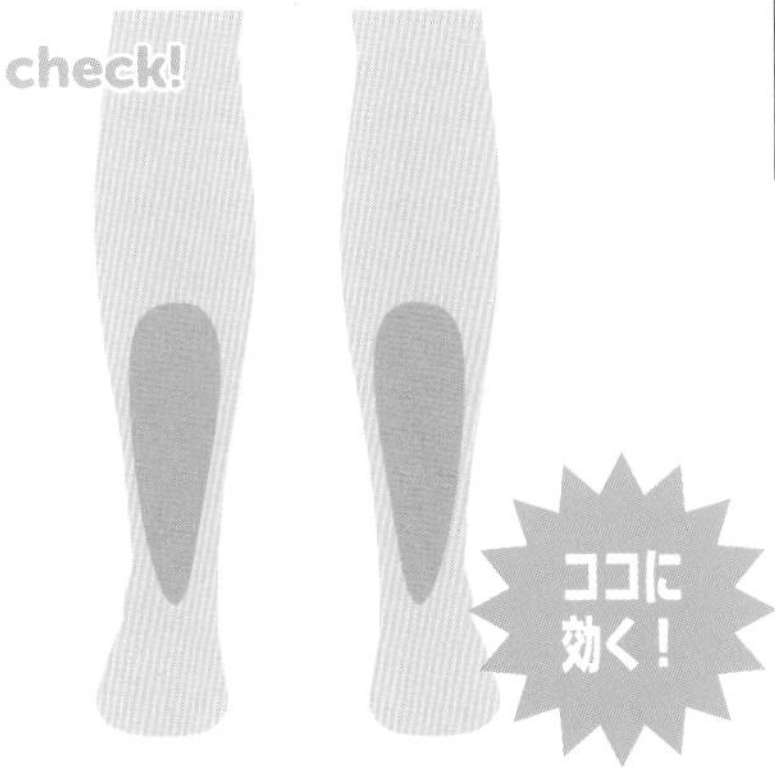

▲このエクササイズはふくらはぎの腓《ひ》腹《ふく》筋《きん》とヒラメ筋を刺激。同時に足の甲のストレッチも兼ねています。

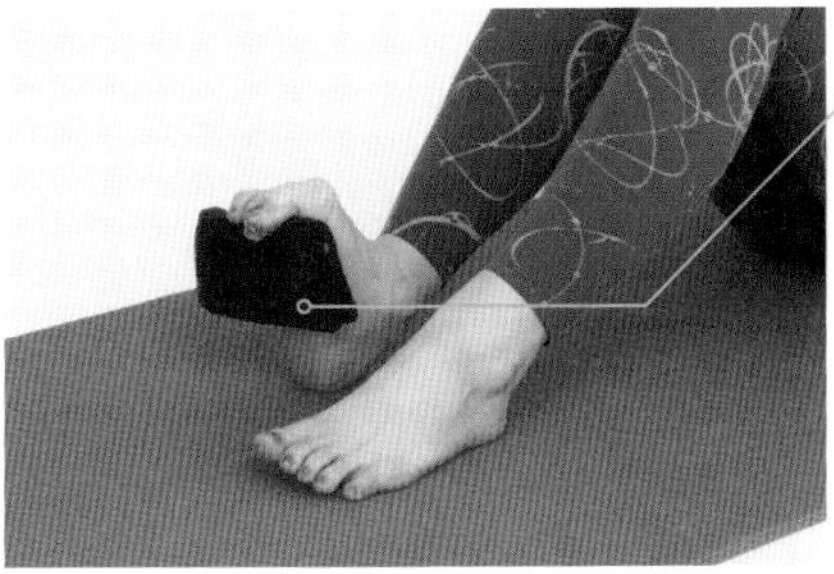

足首を曲げて
タオルを持ち
上げます。

つま先とひざの方向を
同じにします。つま先
が外を向かないように
注意しましょう。

step 2

すっきり&メリハリ美脚エクササイズ!

かかとバサミエクササイズ

ふくらはぎと内ももの筋肉を同時に刺激するエクササイズです。

step 1

time ▸ 30sec.

くるぶしでタオルを挟む

かかとの内側（内くるぶし）でハンカチや薄手のタオル、ハンカチ、紙などを挟み、姿勢よく立ちます。バランスに自信がない人は、壁などにつかまり、転倒しないようにしてください。

動画

EXERCISE 時間

30 秒

POINT!

転倒に気をつけてください!

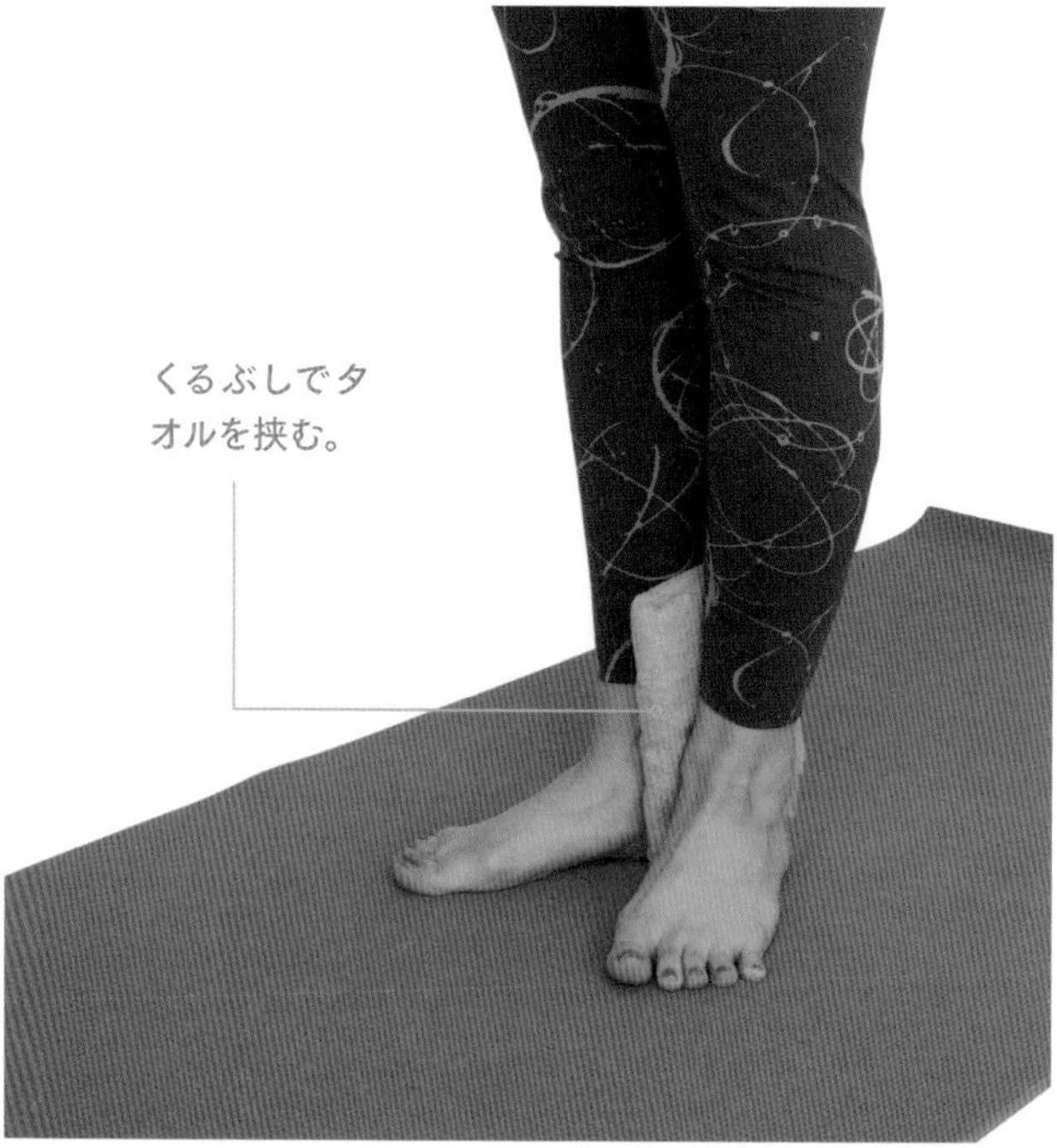

くるぶしでタオルを挟む。

step 2

つま先立ちになる

タオルを落とさないように、両くるぶしを閉じたまま、かかとを上げ、つま先立ちになります。次に、かかとを下げ、床につく直前で止めます。ふくらはぎ、太ももの内側の筋肉を使っているのを意識しながら30秒間、15回を目安に上げ下げしましょう。

▲かかとを下げ、床につく直前でストップし、上げ下げを繰り返しましょう。

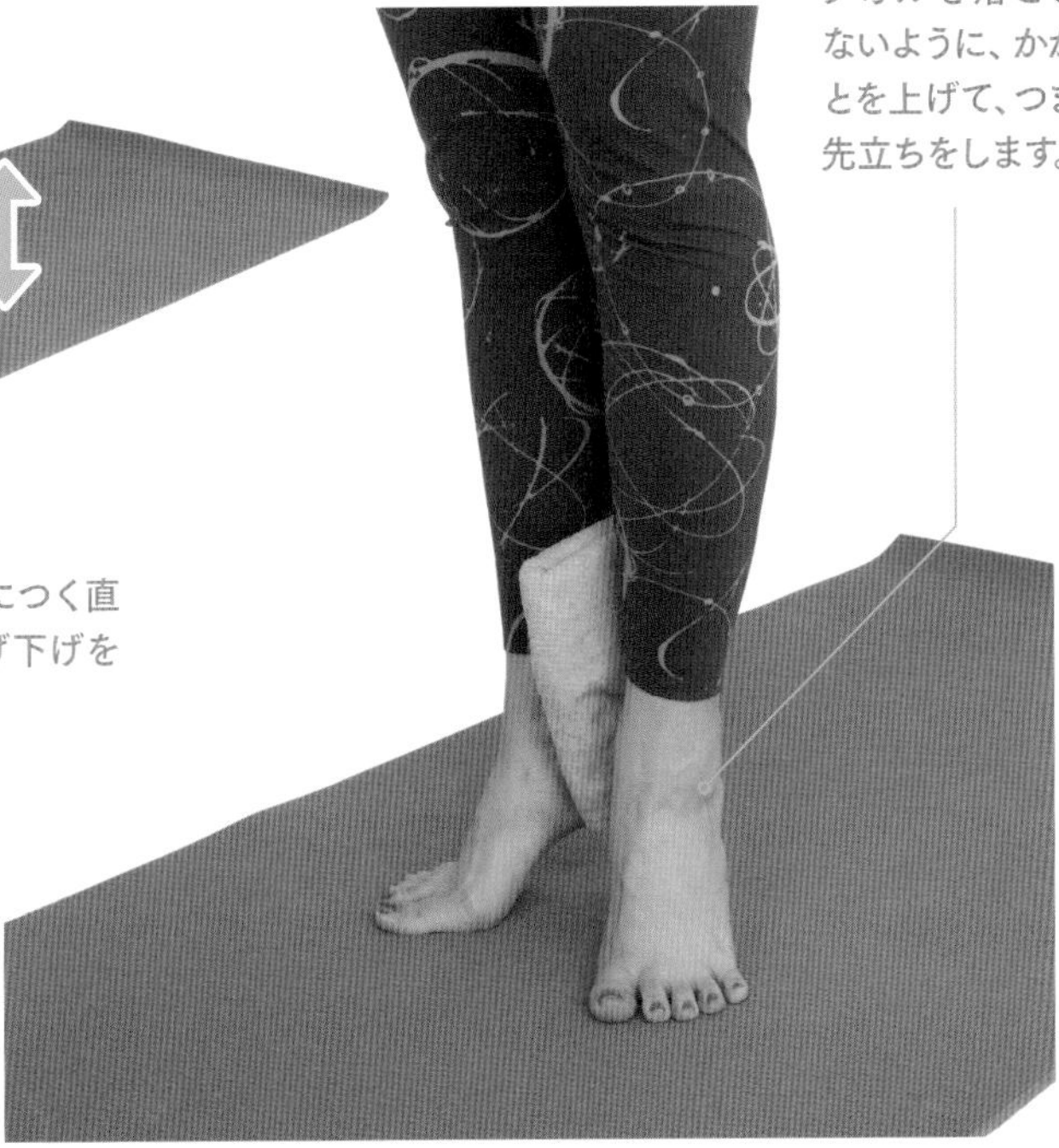

タオルを落とさないように、かかとを上げて、つま先立ちをします。

第4章

痛みを解消するセルフケア

すでに体のどこかに痛みがあり、ストレッチもエクササイズもできない、という人もいらっしゃると思います。そんな人たちのために痛みの解消法を、肩、腰、ひざ、背中、首、頭と部位別にご紹介します。セルフケアを続け、痛みがとれてきたらストレッチとエクササイズをおこないましょう。

MENU

五十肩

腰痛

ひざ痛

猫背・背中痛

ストレートネック

頭痛

ツラ〜い五十肩に効くツボ押しセルフケア！

五十肩①

五十肩でお悩みの人にオススメなのがひじのツボ押しと脇つまみです。

step 1

time ▸ 10sec. × 3

ひじのツボ、曲《きょく》池《ち》を押す

ツボ押しするのは、ひじを曲げたときにできるシワの先端辺り（ひじの内側から指先3本分、中に入った場所）。曲池というツボです。ここを10秒間押して離します。これを３回繰り返しましょう。痛気持ちいい力加減でツボ押しするように、合計30秒間おこないましょう。

動画

Shiatsu
時間
3カ所各
10
秒

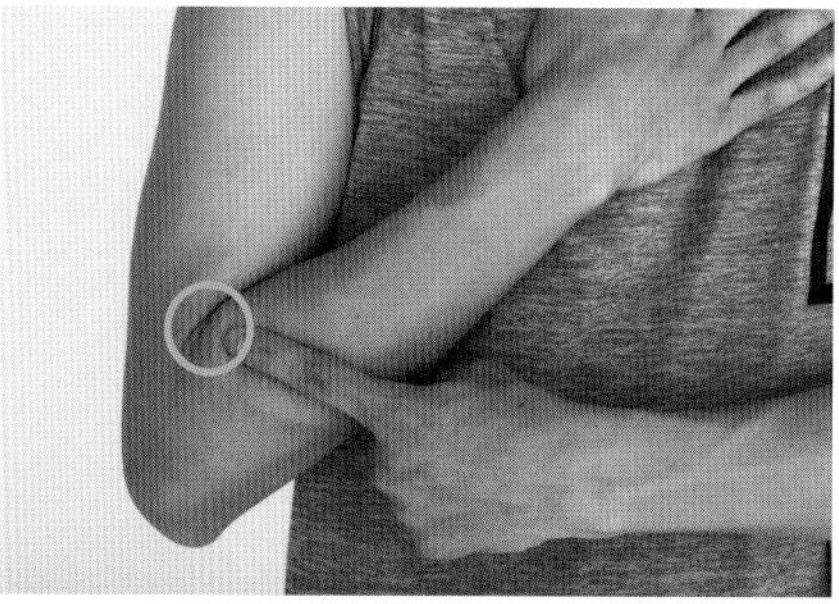

①曲池のツボ場所を確認します。

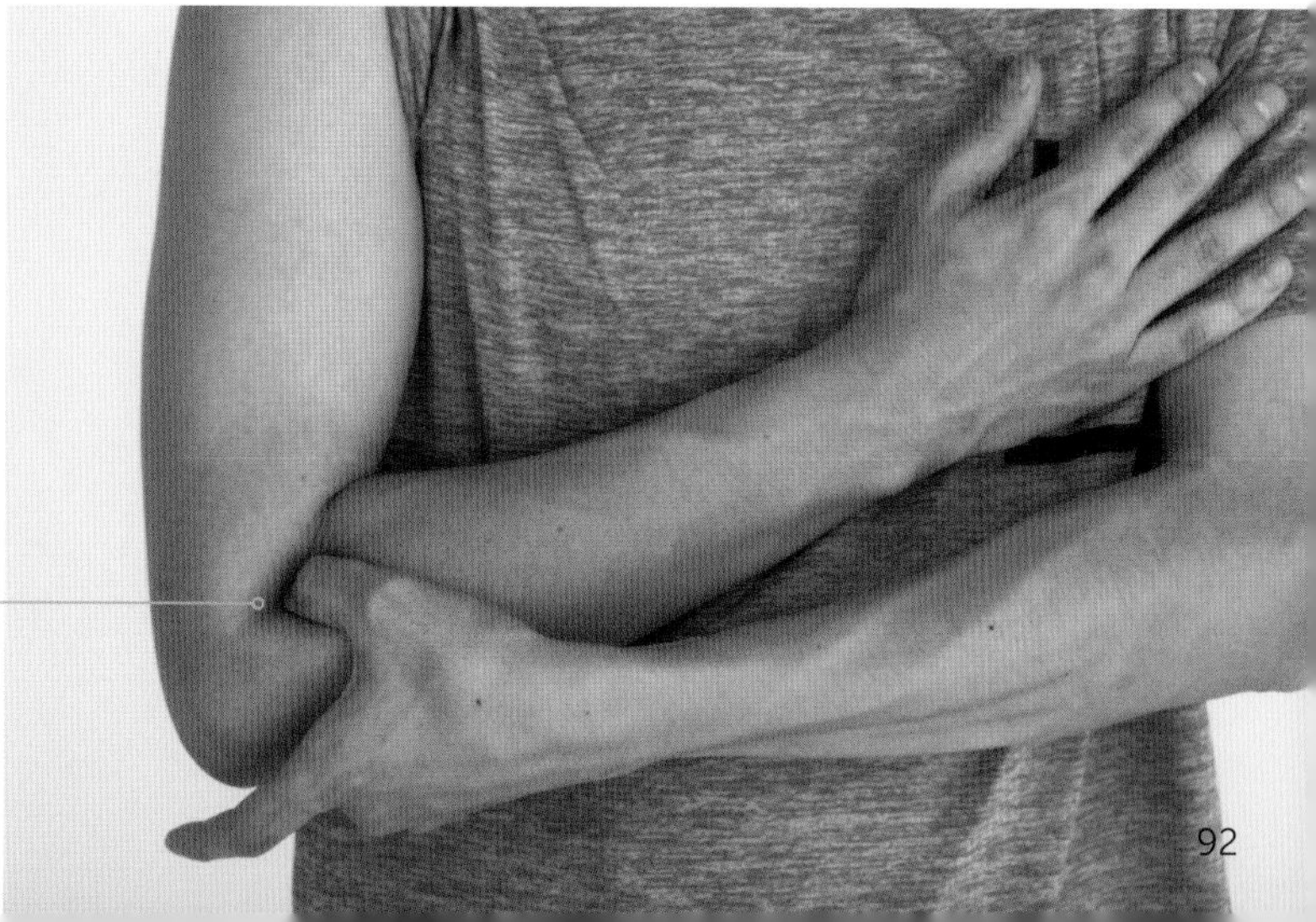

②反対の手の親指で押し込むように指圧します。

step 1

step 2

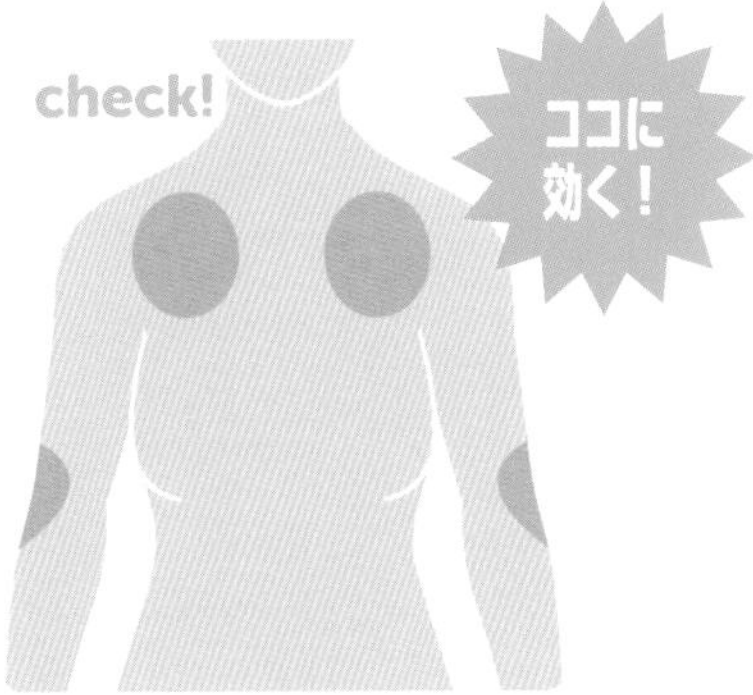
check!
ココに効く！

▲このセルフケアは五十肩の痛み軽減効果が期待できます。

脇の下をつまんで圧迫する

脇の下の筋肉を５本指でつかみ、10秒間圧迫したら離します。これを３回繰り返します。合計30秒間おこないましょう。

POINT!

五十肩の痛みがある人は26〜31ページに掲載した、大胸筋＋上腕二頭筋、屈筋、伸筋のストレッチをおこなうことも効果的です。ぜひ試してみてください！

ここが硬いと巻き肩の原因にもなります。痛気持ちいい強さでつまみましょう。

五十肩②

継続すれば五十肩がだんだん楽になる!

ペットボトルを使って五十肩の痛みを改善するリハビリ方法です。

step 1

times ▸ 30times × 2

腕を振り子にする

中身の入った500mlのペットボトル（またはアイロンなど）を持ち、反対の手を腰の高さくらいの椅子やテーブルについて体重をかけます。ペットボトルを持った手を脱力して、だらんと下げ、遠心力を利用して、振り子のように腕を前後に振ります。最初は30往復から始め、50往復、100往復と、徐々に回数を増やしていきましょう。

動画

Rehabilitation
回数

左右各
30
回

振る腕は肩の力は使わないようにします。

ペットボトルを持った手をだらんと脱力します。

①椅子やテーブルに片手をついて体重をかけます。

step 1

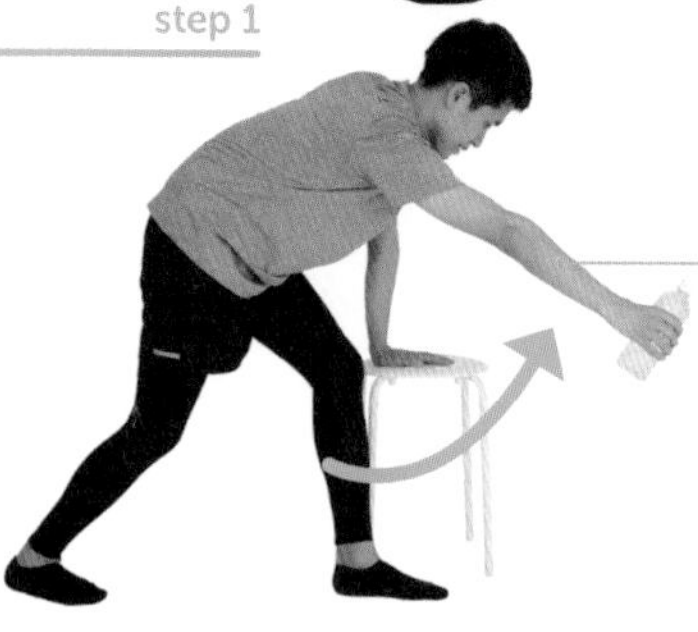

②振り子の原理を利用して前後に振ります。

step 2

手首にひねりを加える

右ページと同じく片手を椅子につき、反対の手にペットボトルを持って、だらんと脱力します。ペットボトルを持った手首を時計回り、反時計回りと回します。ひねりを加えるリハビリをおこなうことで、五十肩の改善が期待できます。

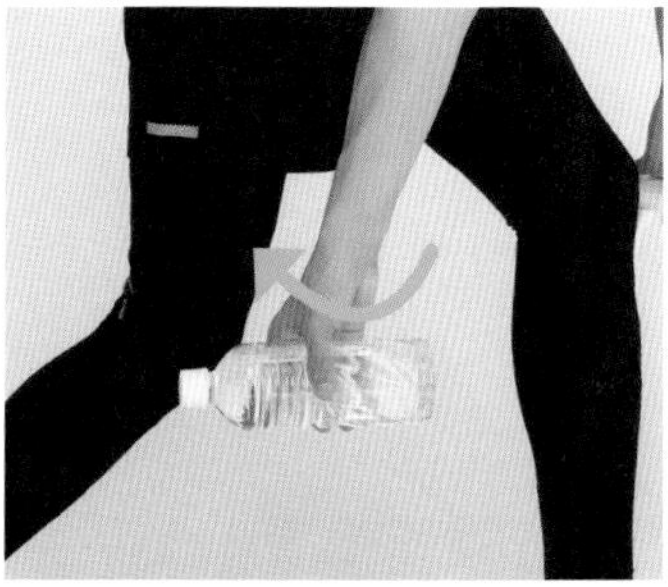

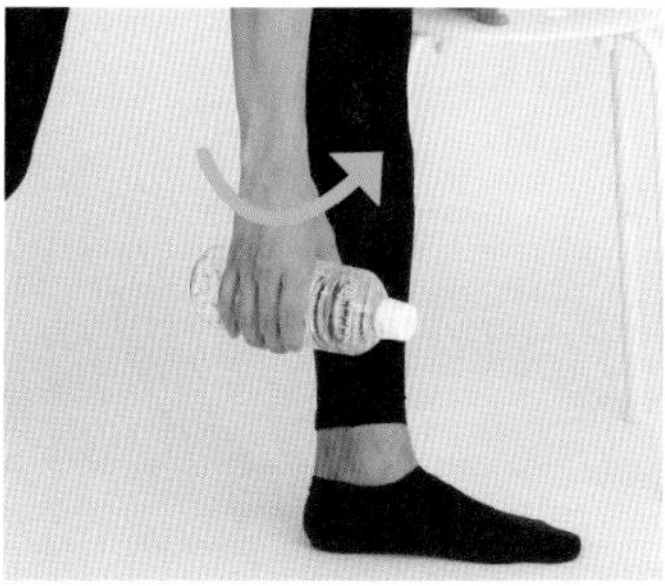

ペットボトルを握った手首を回します。

POINT!

振り子と、ひねり運動です。セットで毎日おこないましょう！

ペットボトルを持った手を脱力します。

手首を時計回り、反時計回りと回転させます。

step 2

テニスボールを使って腰痛をセルフケア!

腰痛

お尻のこりは腰痛の原因。テニスボールを使ってお尻の筋肉をほぐしていきます。

step 1

time ▸ 30sec. × 2

テニスボールをお尻の下に

仰向けに寝て、両ひざを90度に曲げ、左のお尻の下にテニスボールをセットします。左脚をゆっくり伸ばしていき、テニスボールに体重をかけます。痛気持ちいい加減をキープして30秒〜1分間。反対側もおこないます。1カ所1分間以上は逆効果なので注意しましょう。

動画

Shiatsu 時間

左右各 30 秒

テニスボールを用意します。

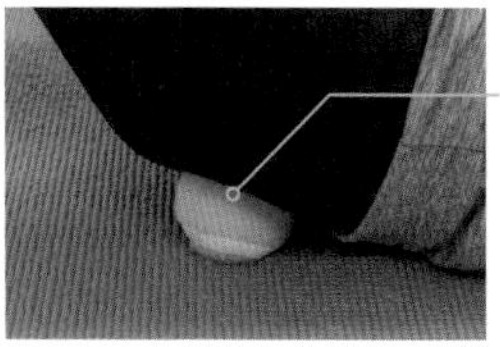

テニスボールはお尻の硬い部分を探してセットします。

①お尻の下にテニスボールをセットします。

②脚をゆっくり伸ばし、テニスボールに体重をかけていきます。

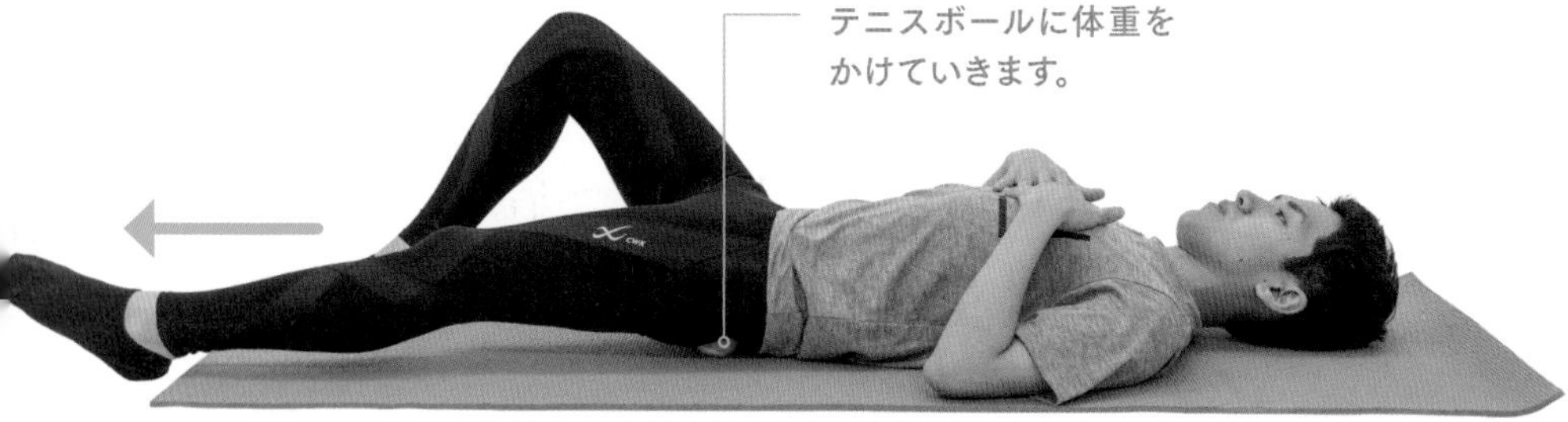

step 2

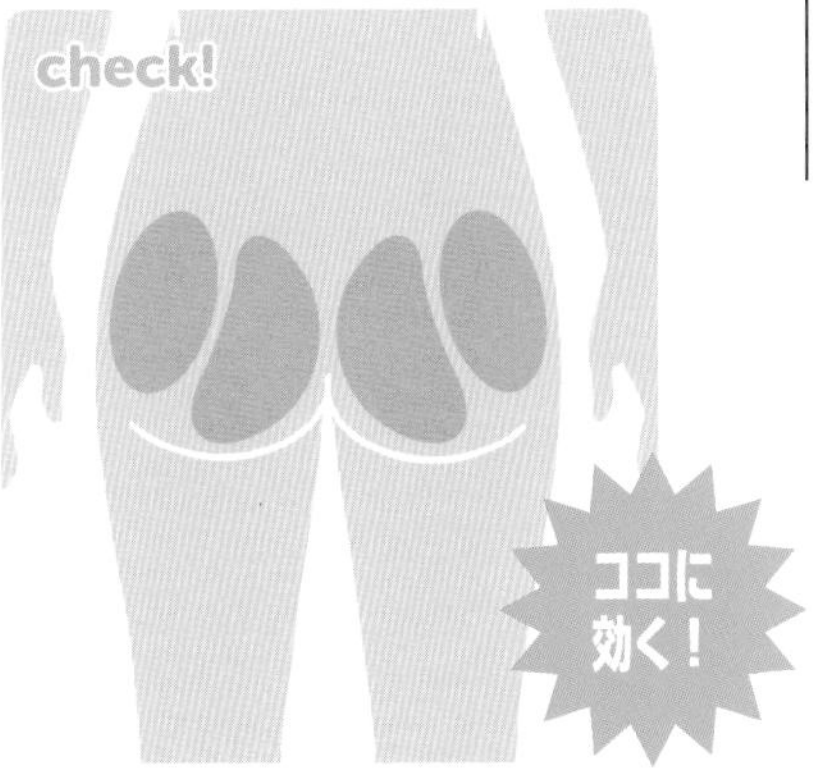

▲このセルフケアで腰痛の軽減効果が期待できます。

お尻の横に体重をかける

今度は両ひざを90度に曲げて仰向けに寝て、テニスボールをお尻の左真横にセットします。まずは、左脚だけゆっくり外側に開いてテニスボールに体重をかけます。痛気持ちいい加減をキープして30秒間。左右逆もおこないましょう。余裕のある人は、体ごと横向きにすることで、さらに体重がかかります。

①お尻の左真横にテニスボールをセットします。

②左脚だけをゆっくり外側に開き、テニスボールに体重をかけていきます。

③余裕があれば、体を真横にしてさらに体重をかけます。

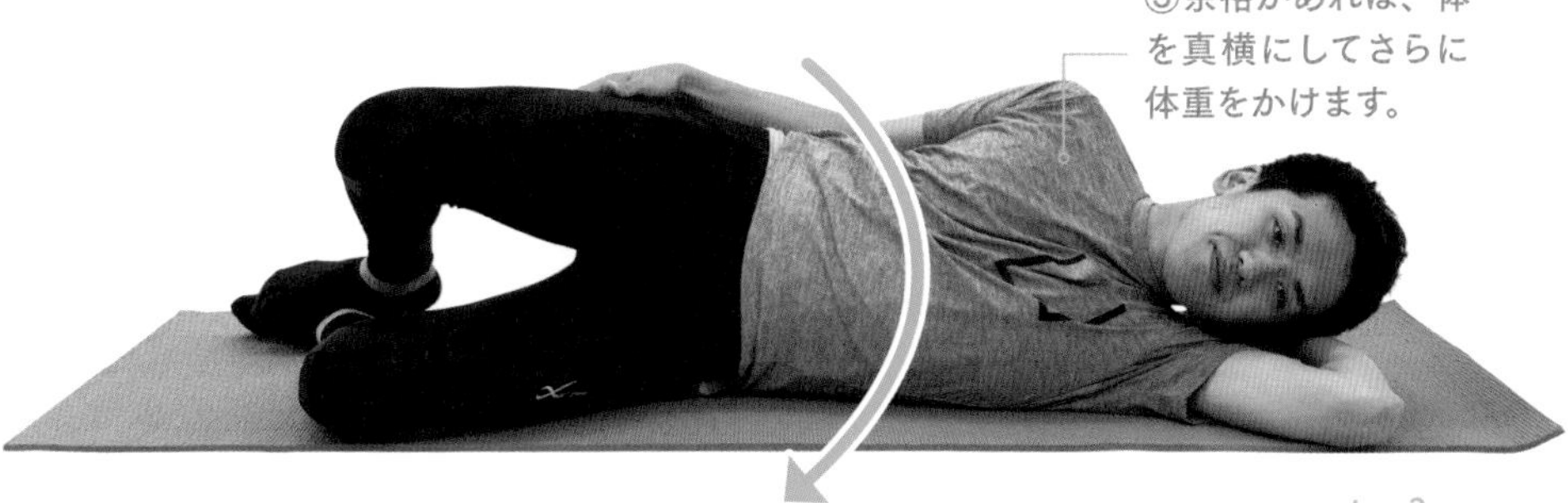

ひざの内側の痛みに効くセルフケア！

ひざ痛①

ひざの内側が痛むときには、「脾経《ひけい》押し」が効果的です。試してみてください。

脾経《ひけい》を押す

脾経は、ひざの内側の骨の出っ張りから、内くるぶしのラインに走る経絡です。このラインに沿って両手の親指でひざ側、真ん中、くるぶし側と3つに分け、1カ所10秒、合計30秒間押しましょう。

動画

Shiatsu
時間
ひざ側、真ん中、くるぶし側各
10
秒

①椅子に座り、ひざに痛みのあるほうの脚を組みます。

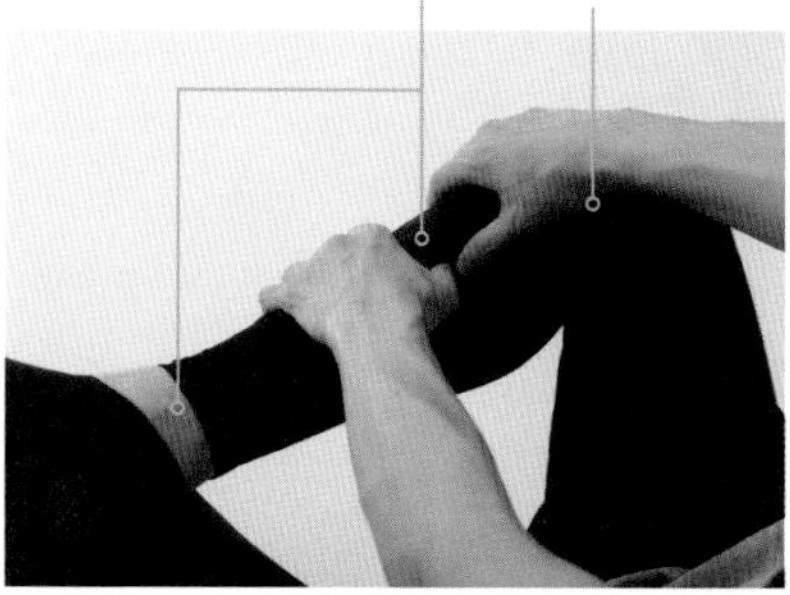

②脾経に沿って、両手の親指で押します。

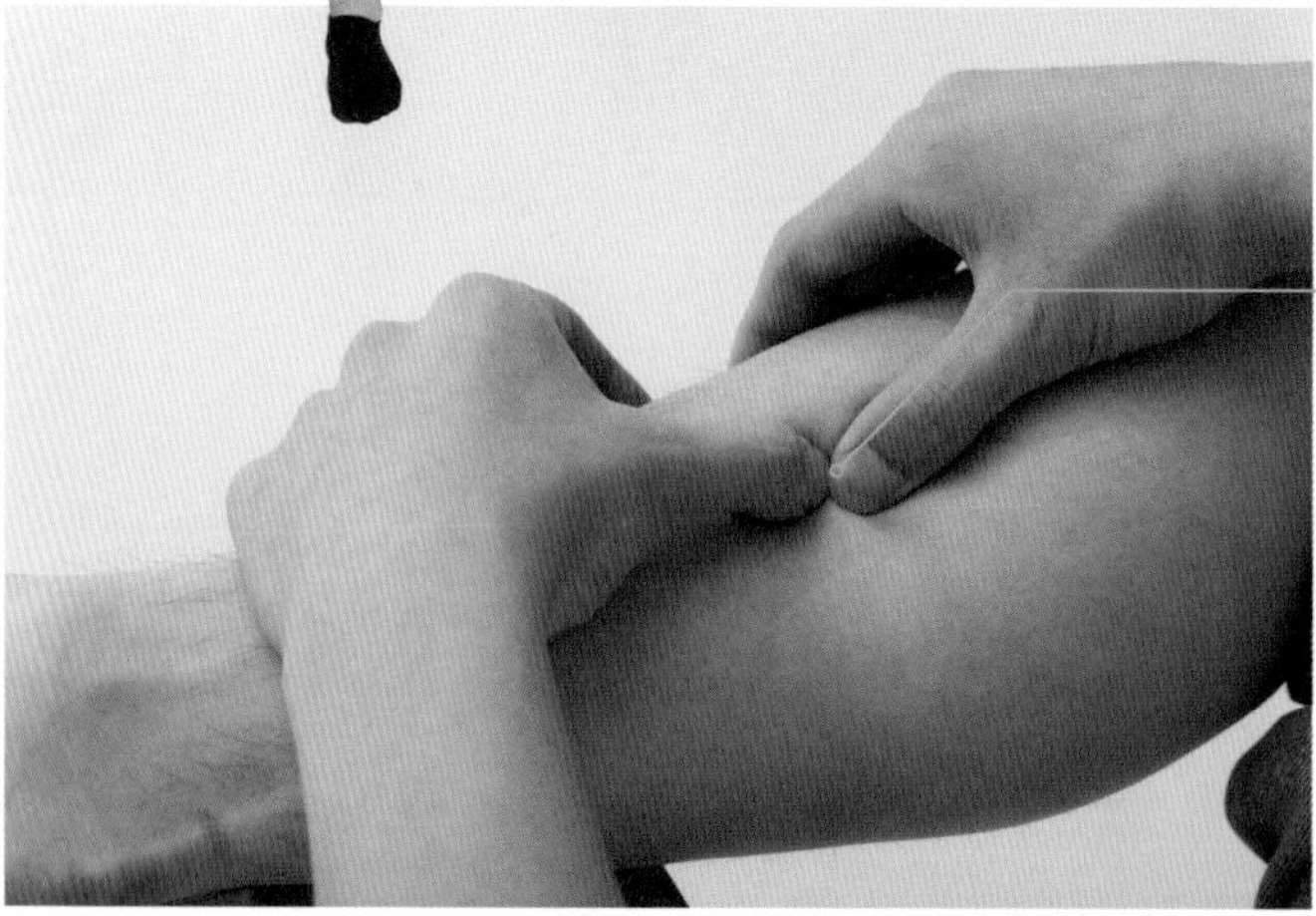

骨のくぼみを押し込むイメージです。

※ひざの痛みのほか、冷え性や脚のむくみの改善、生理痛の緩和といった効果も見込めます。

ひざの痛みを改善するセルフケア

ひざ痛②

太ももの筋肉がこると、ひざ痛の原因に。柔らかくすることで痛み緩和が期待できます。

ひざ上&ひざ裏をほぐす

マッサージする場所は、ひざの皿のきわから指3本分、手前に移動させた場所です。親指で押し込みながらほぐしましょう。

動画

Shiatsu時間
左右各30秒

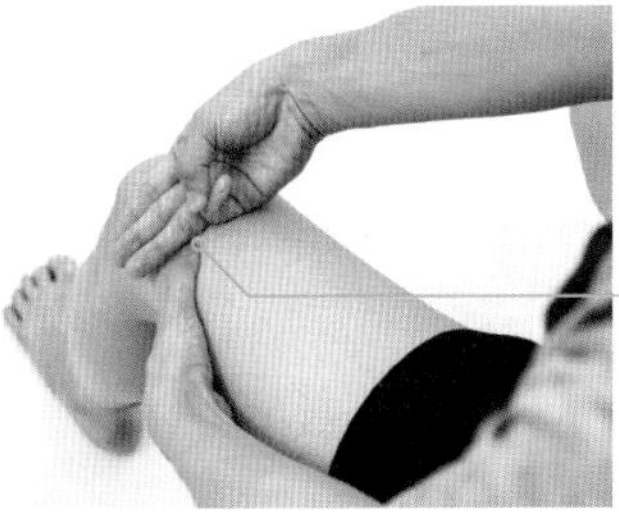

ひざの皿の際から指3本分、手前のラインを確認します。

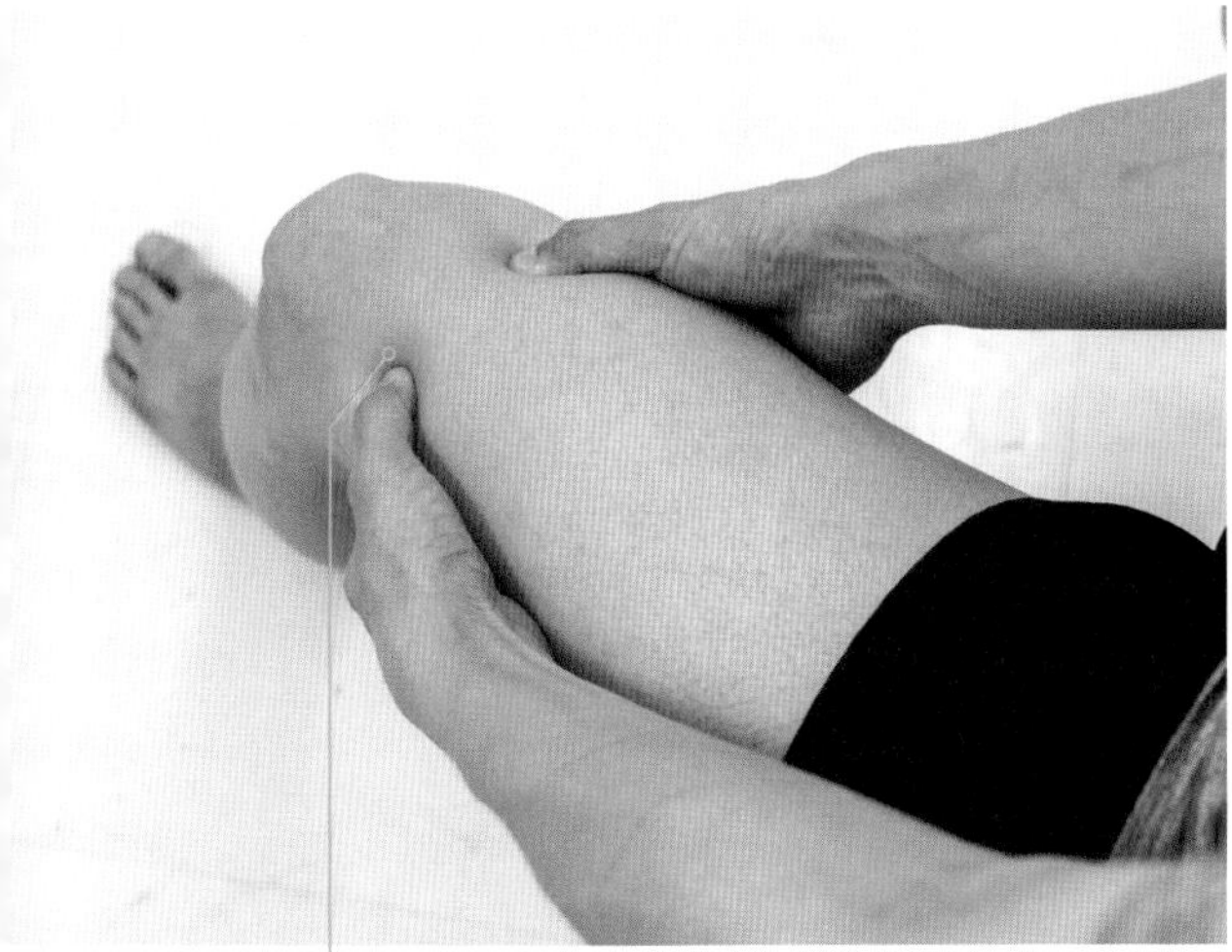

ライン上の両端に親指を置き、痛気持ちいいくらいの力加減で押し込み、上下にゆらしながらほぐしましょう。

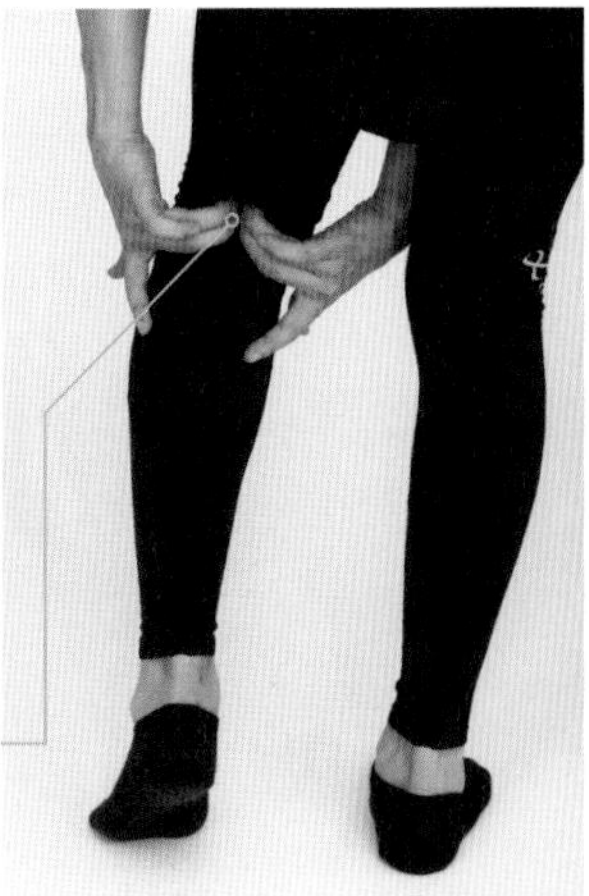

さらに両手を山の形にして、ひざの裏もマッサージすると、より効果的です。座ったままでOKです。

背中の痛みを改善するセルフケア！

猫背・背中痛

背中の痛みを緩和するストレッチ方法です。猫背の解消にも効果が期待できます。

動画

STRETCH
時間
30
秒

バンザイしてストレッチ

厚み10センチ程度に厚みをもたせたバスタオルや腹筋ローラーを床にセットし、肩甲骨付近にくるように調節して仰向けに寝ます。バンザイをして呼吸は止めずに、30秒～1分間、背中を反らすように伸ばしましょう。

NG

①丸めて厚みをもたせたバスタオルが肩甲骨付近にくるように寝ます。
②両手をバンザイします。背中を反らすように伸ばします。

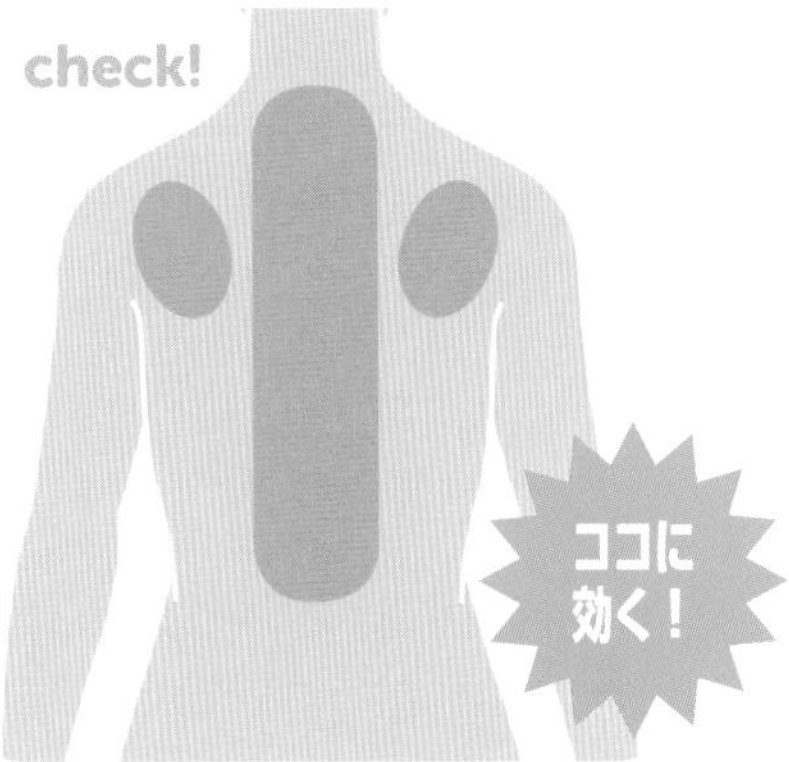

▲このセルフケアで背中の痛み、
また猫背の改善が期待できます。

あごが上がってしまう人は枕を敷いてもOKです！

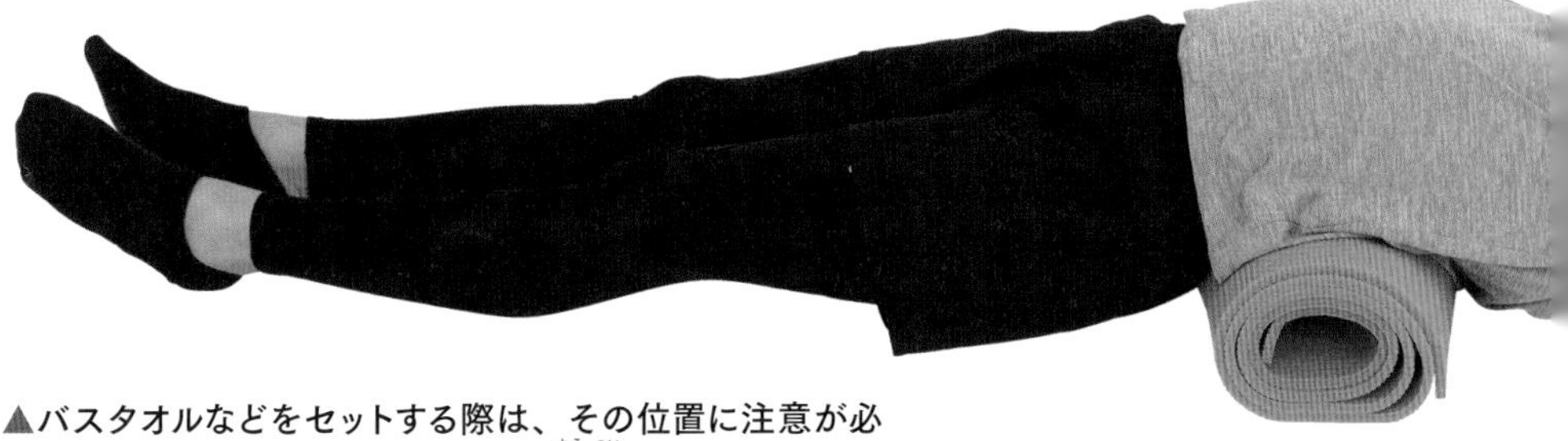

▲バスタオルなどをセットする際は、その位置に注意が必要です。腰に当てるのはNGです。腰椎《ようつい》に直接負担がかかってしまい反りが強くなり、腰を痛める危険があります。腰痛がある人は、無理のない範囲でおこなって下さい。無理をすると痛みやしびれが悪化する可能性があります。

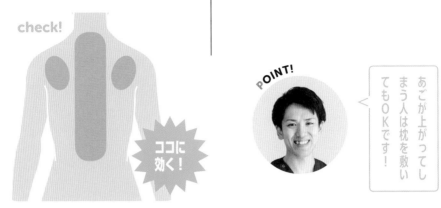

胸鎖乳突筋つまみでスマホ首の痛みを改善

ストレートネック①

耳の付け根と鎖骨を結ぶ胸鎖《きょうさ》乳突筋《にゅうとつきん》をほぐすことでスマホ首の痛みを解消します。

胸鎖乳突筋をつまむ

首の横の筋肉（耳の付け根から鎖骨に走る胸鎖乳突筋）をガバッとつまみます。耳の付け根あたりから鎖骨までを首上部、中部、下部の3カ所に分け、それぞれを10秒ずつ計30秒間、痛気持ちいいくらいの強さでつまみます。左右逆もおこないます。

動画

Shiatsu 時間

左右の上、中、下を各

10秒

首の筋肉をつまみます。つまむ指は右手でも左手でも、つまみやすい方法でOKです。

筋肉をつまみにくい場合は、首を少し左に倒すと筋肉がゆるんでつまみやすくなります。

スマホ首の痛みに加え眼精疲労にも効果的！

ストレートネック②

首の付け根の後《こう》頭《とう》下《か》筋《きん》群《ぐん》をほぐすことで、首の痛み、頭痛、眼精疲労の緩和が期待できます。

動画

Shiatsu
時間

左右の
右、中、左を各
10
秒

後頭下筋群を指圧

後頭部の下のくぼみから、耳の裏の出っ張りの乳様突起を結んだラインを確認します。ライン上を右、真ん中、左の３カ所に分け、親指を使い、深呼吸をしながら骨のすきまを押し込みましょう。１カ所10秒で計30秒間、左右逆もおこないます。

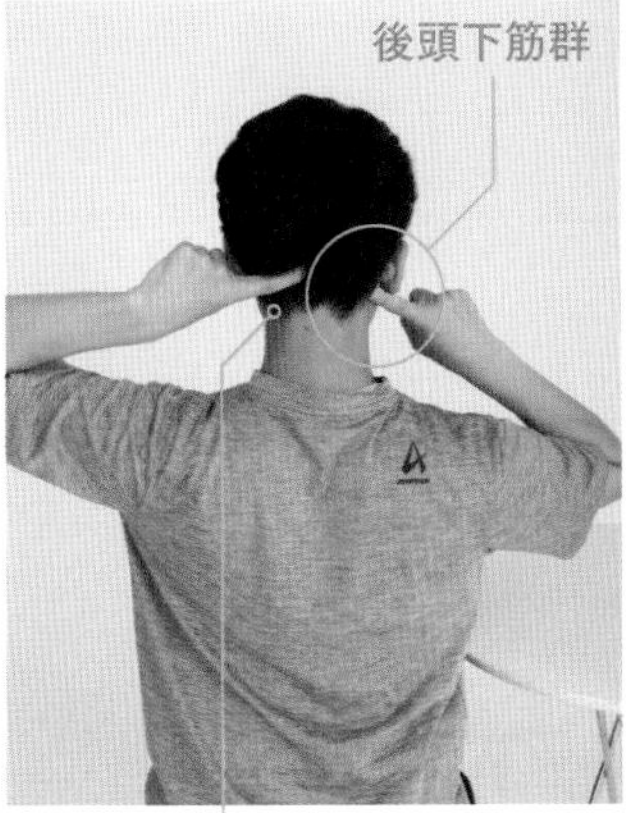

指圧するのは、後頭部下のくぼみから耳のうしろの出っ張る骨のラインです。

骨の隙間を親指で押し込むイメージです。

机にひじをついて支点にして、頭の重さを利用して押し込めば、力を使わずにマッサージすることができます。

頭痛①

ツラい頭痛が和らぐセルフケア！

耳をマッサージすることで自律神経が整い、頭痛緩和ほか不眠改善も期待できます。

耳を軽く引っ張って大きく回す

動画

両方の耳たぶを指でつまんで斜め下方に引っ張り、深呼吸をしながら、大きくうしろまわしを10回おこないます。物足りなければ、前まわしもおこないます。次に、両方の耳の真横を指でつまんで水平方向に引っ張り、大きくうしろ回しを10回おこないます。前回しもおこないます。

Massage
回数
前後、横前後
各
10
回

①耳たぶをつかみ、斜め下方に軽く引っ張りながら、大きくうしろに10回、回します。

②次に耳を真横に引っ張り、同じように大きくうしろ、前に回します。

側頭部に痛みが出る場合に効果的なセルフケア！

頭痛②

側頭部痛のほか、顔のたるみ、顎関節症にも効果的です。

側頭筋を揉みほぐす

マッサージする場所は側頭筋です。両手の3本指を、歯を食いしばったときに盛り上がる筋肉にそれぞれ置き、痛気持ちいいくらいの力加減で、押し回しするようにほぐしていきます。

動画

Massage
回数

10
回

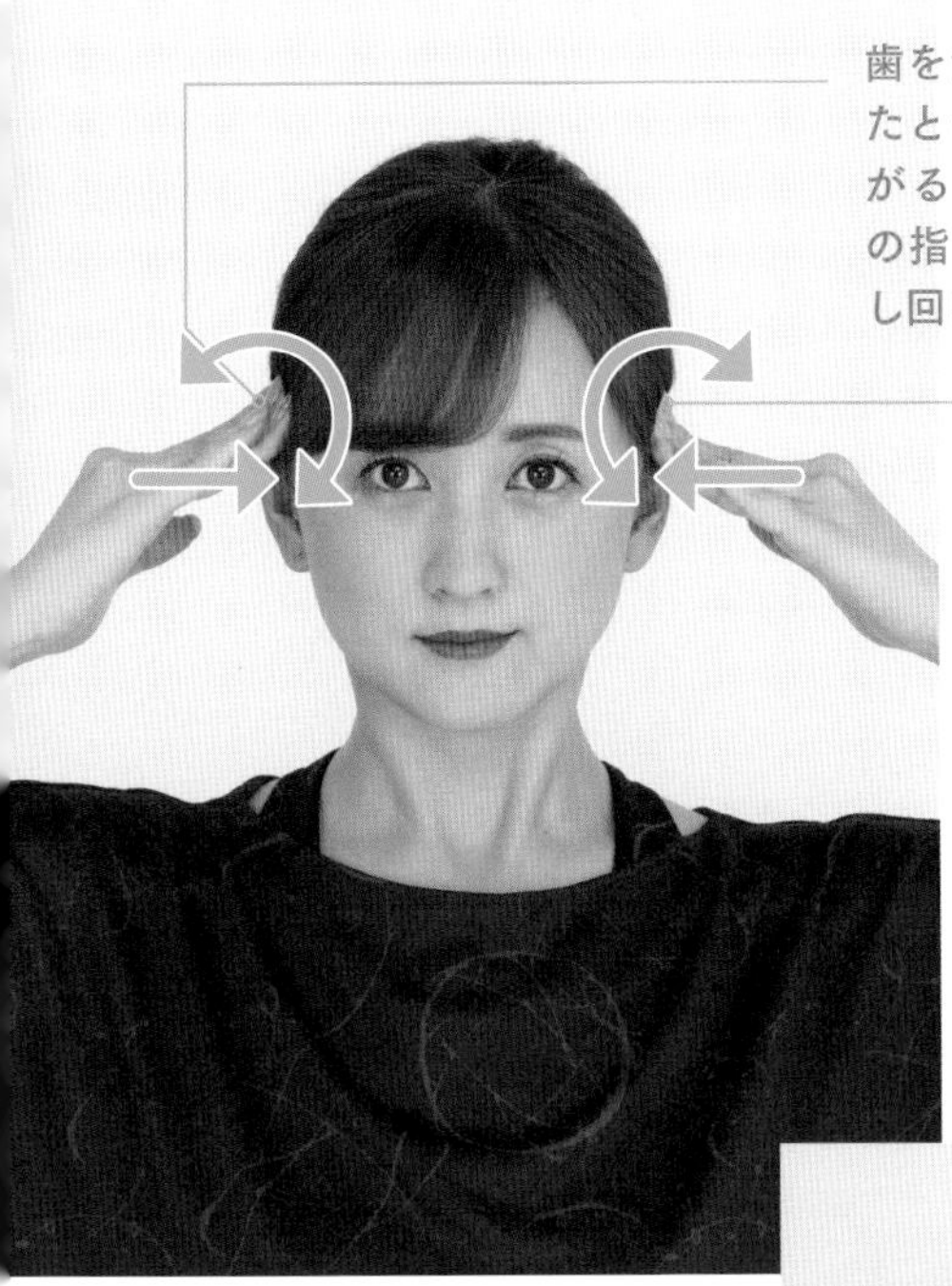

歯を食いしばったときに盛り上がる筋肉に3本の指を置き、押し回します。

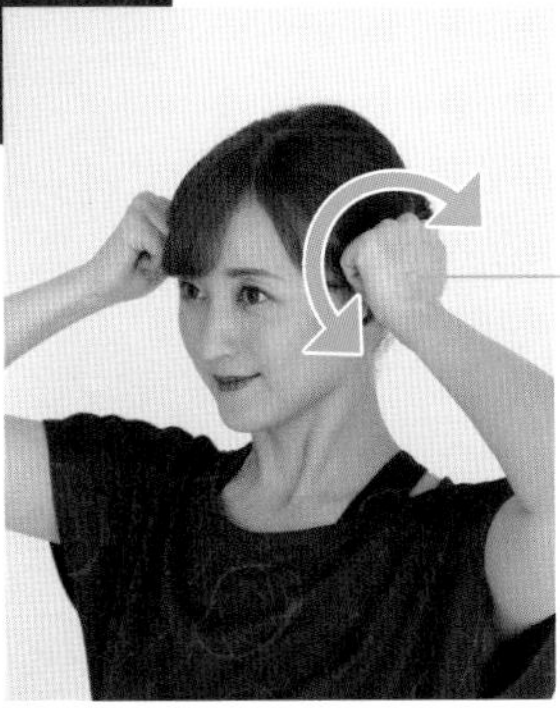

指が疲れる場合は手をグーにして、押し回してもOKです。

肩甲骨の動きをよくして猫背や巻き肩を改善

腕を広げて胸を開く ひねりストレッチ

腕を使って胸をダイナミックに動かす（開く）ことで、肩甲骨の動きがよくなります。そうすることで、丸まりやすい（内に入りやすい）体を改善することができ、猫背や巻き肩を解消することができます。

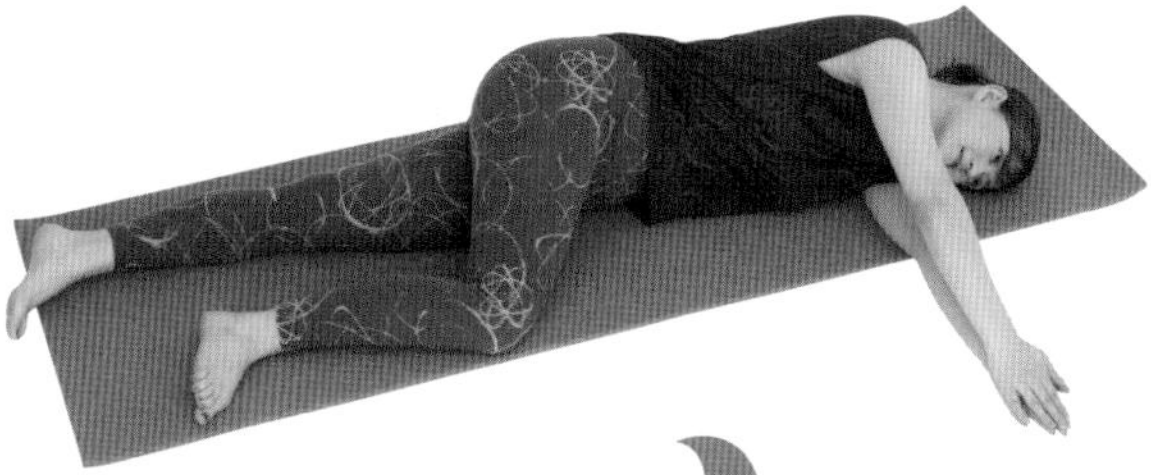

①横向きに寝て、上の脚を軽く曲げます。

②脚の位置はそのままで、胸を開くように上半身をひねりましょう。

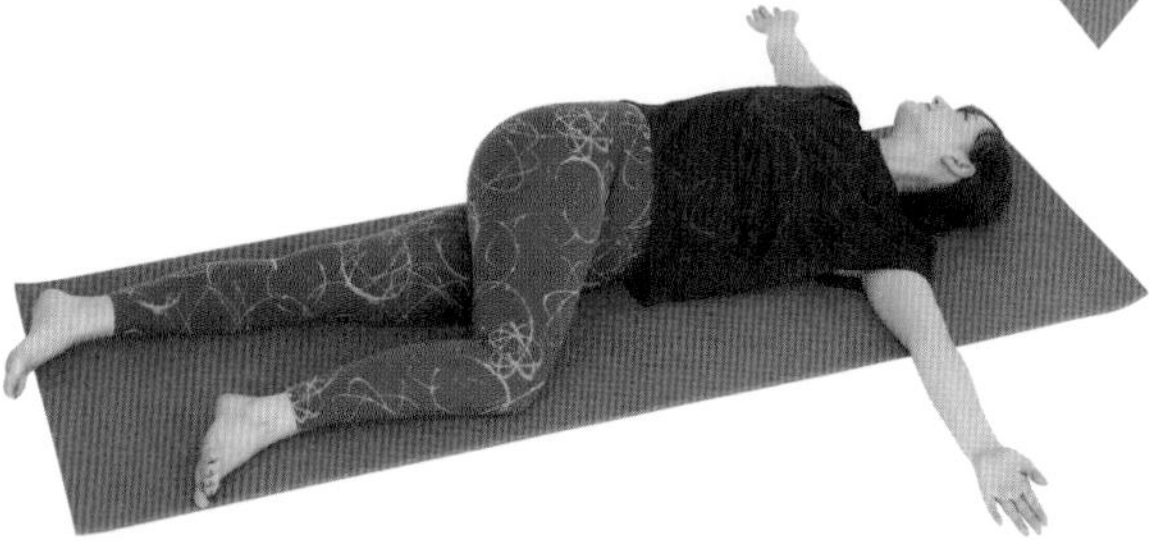

③胸と背中が伸びていきます。左右、30秒、おこないましょう。

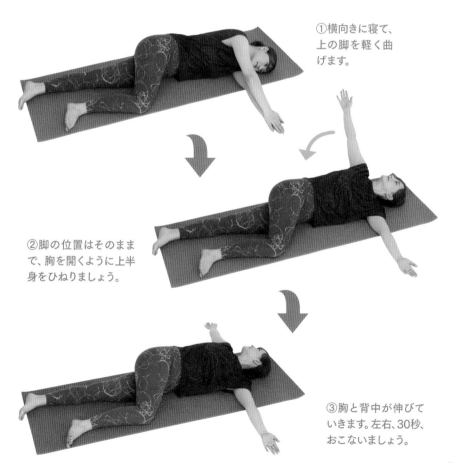

手足のむくみ解消に効果てきめん！

就寝前、起床後に ゴキブリ体操

夜、寝る前や朝、起きたときにオススメなのが、この体操です。これは手足のむくみ解消に効果があります。速く動かす必要はありません。ゆっくり呼吸をしながら動かします。

仰向けに寝ながら、両手足を上げます。その状態のまま、手足を上下、左右にブラブラ振っていきましょう。

足を上下、左右に30秒間動かします。
手を上下、左右に30秒間動かします。

効果的に細く美しい体をつくるための

1週間プログラム

ここまで紹介してきたストレッチとエクササイズを組み合わせることで、より効果の高い成果を得ることができます。こちらはその1週間メニューです。ぜひ、やってみましょう！

はじめはこちらからチャレンジ！ 初級向け

	ストレッチ	エクササイズ
1日目	肩まわり（P20~25）	肩甲骨（P60~61）
2日目	股関節（P40~45）	肩甲骨（P60~61）
3日目	腕（P28~31）	肩甲骨（P60~61）
4日目	股関節（P44~45）	肩甲骨（P60~61）
5日目	ゴキブリ体操（P107） ひねりストレッチ（P106）	
6日目	首（P33、P37）	背中（P70~71）
7日目	もも（P48~49） ふくらはぎ（P56~57）	ふくらはぎ（P86~87）

より効果の高いメニュー 上級向け

	ストレッチ	エクササイズ
1日目	肩まわり（P20~27）	背中（P68~71）
2日目	股関節（P40~45）	腹筋（P74~75） 尻（P80~81）
3日目	腕（P28~31）	二の腕（P66~67）
4日目	ゴキブリ体操（P107） ひねりストレッチ（P106）	腹筋（ P74~77）
5日目	太もも（P46~53）	尻（P82~85）
6日目	首（P33~37）	肩甲骨（P60、P62、P64）
7日目	ふくらはぎ（P54~57）	ふくらはぎ（P88~89）

「マゴハヤサシイワ」は理想の食事

運動だけをしていても理想のボディは手に入りません。健康によい8つの食材「マゴハヤサシイワ」が、ダイエット成功の秘訣です。

「マゴハヤサシイワ」は、体にとって理想的な栄養素が豊富に含まれた食材の頭文字をとった言葉。健康的にやせたい人は、この8つの食材を毎日の食事にバランスよく取り入れることが大切です。

「マ」は豆腐や味噌などの豆類。植物性たんぱく質や女性にうれしいイソフラボンが豊富に含まれた食材です。

「ゴ」はゴマやナッツ類。良質な脂質やビタミン、ミネラルが豊富で、老化防止や便秘改善などの効果があります。

「ハ」は醤油やヨーグルトなどの発酵食品。微生物の働きにより原料を分解することで栄養素や体への吸収率、旨味がアップするなど、多くのメリットが期待されます。

「ヤ」は野菜・果実類。ビタミンやミネラル、食物繊維が多く含まれ、言うまでもなく健康には欠かせない食材です。

「サ」は魚・貝類。特に青魚には良質な脂質とコレステロール値低下作用があるDHA（ドコサヘキサエン酸）が豊富です。

「シ」はしいたけなど、食物繊維をたっぷり含んだキノコ類。コレステロールや脂肪の吸収防止、便秘解消に活躍します。

「イ」はイモ類・穀類。炭水化物、ビタミン、食物繊維が豊富なうえ、腹持ちもよいのでダイエット中の心強い味方です。

「ワ」はワカメなどの海藻類。ぬめりにはコレステロール低下に効果的なアルギン酸や抗アレルギー作用があるフコダインが多く含まれています。

食べものの量が多すぎたり少なすぎたり、栄養が偏っていたりすると、**ダイエットに逆効果なばかりか、肌荒れや便秘、疲れなどの不調を引き起こすことがあります。**「マゴハヤサシイワ」のすべての食材を毎食取り入れるのは難しいですが、足りていない食材があれば積極的に補うようにしましょう。また、外食でメニューを注文する際にも参考にしてみてください。

マゴハヤサシイワとは？

マ	豆類
ゴ	ゴマやナッツ類
ハ	発酵食品
ヤ	野菜・果実類
サ	魚・貝類
シ	シイタケなどのキノコ類
イ	イモなどの穀類
ワ	ワカメなどの海藻類

「寝る前はちみつ」はダイエットに効果的！

夜、寝る前にスプーン１杯のはちみつをなめるだけ！　快眠と脂肪燃焼をサポートする超カンタンダイエットをご紹介します。

忙しい現代人にとって、運動の時間を確保するのは至難の技。しかし、眠っている時間を有効活用して〝やせ体質〟になれるお手軽ダイエット、それが「寝る前はちみつダイエット」です。

やり方はカンタン。夕食の糖質を減らし、寝る30分~1時間前に大さじ1杯のはちみつを食べるだけ。 糖質はご飯などの主食に多く含まれるので、いつもより量を少なめにするとよいでしょう。特に精製糖（グラニュー糖、上白糖、ざらめ糖）は糖質を多く含むのでとらないようにしましょう。

甘いはちみつを寝る前に食べたら太るのでは……と不安になりますが、はちみつは、ダイエットと大きく関わる「質のよい睡眠」にとても重要な働きをするのです。

睡眠中に分泌される成長ホルモンは、脂肪をエネルギーとして使います。だから、大事なのは睡眠の質。ぐっすり眠れば成長ホルモンがしっかりと分泌され、脂肪燃焼が効果的におこなわれます。つまり、**睡眠の質がよいとやせやすい体に、質が悪いと太りやすい体になるのです。**

しかし、脳に十分なエネルギーを補充しなくては、質のよい睡眠を得ることはできません。ただ、脳への主なエネルギー源である糖質は、摂り過ぎるとダイエットの効果を妨げる恐れも。そこで、条件に最適なのが低糖質のはちみつというわけです。

はちみつは栄養豊富なうえに低カロリーで、緩やかに血糖値を上昇させることが特徴です。 なるべく国産で天然のはちみつを選ぶと、より効果が期待できるでしょう。注意点としては、カフェインや糖質と一緒にはちみつを摂らないこと、虫歯にならないようによく歯をみがくことを忘れずに。

最も効率がよいのはスプーンですくってそのまま食べることですが、白湯に溶かしたはちみつをしょうがやレモンと一緒に飲むと体が温まるのでオススメです。

楽にできる「12時間断食」で健康な体に！

数年前から話題のダイエット＆健康法が断食です。お金をかけず、生活の一部として実践できる「プチ断食」に挑戦しましょう。

断食とは、一定期間食事をとらない健康法です。消化に使っていた内蔵を休めることで機能を回復させ、ダイエットや便秘解消、睡眠改善、デトックスなどの効果が期待されています。もともと修行としておこなわれていた断食には「つらそう」とイメージがつきまとい、二の足を踏んでいる人も多いのでは。ですが、半日程度の「プチ断食」なら、生活習慣をそれほど変えず、誰でも気軽に始めることができます。

私が推奨する「12時間断食」は、一日のうち12時間は何も食べず、残りの12時間で食事をとるというもの。例えば朝8時に朝食をとったら、夜20時までに夕食を終えます。その後、20時～翌朝8時までが断食期間となります。20時までの間は途中でおやつを食べても構いませんが、食べ過ぎには注意しましょう。

何日にもわたる断食は体への負担が大きく、特に生理や不妊に悩む女性にはオススメできません。しかし、**「12時間断食」はそれほど負担がかからず、その人のライフスタイルに合わせて実践できます。**また、面倒なカロリー計算も不要。毎日おこなうのが理想的ですが、慣れないうちは時間の管理が難しいかもしれません。その場合は週末だけ断食をおこなうなど、無理をしないことが最も大切です。

よく誤解されていますが、断食中は一切何も口にしてはいけないわけではありません。水分は摂っても構いませんので、リラックスした状態で行うようにしましょう。オススメはミネラルウォーターやルイボスティーです。

ただし、断食中はどうしても筋力が落ちやすくなるので、この本に書いてあるような簡単な筋トレやストレッチもあわせておこなってください。「12時間断食」のサイクルを繰り返すことで、健康的でやせやすい体を手に入れましょう！

著 者　**阿部智昭**（あべ・ともあき）

キレイをつくる専門家、鍼灸師。岩手県出身。学生時代ラグビーでの自身の度重なるケガや、震災を経験し、人を助ける仕事をしたいという想いから鍼灸師を取得。2019年、埼玉県で「整体院 智圭-TOMOKA-」を開業。「昨日よりも健康なカラダ」をモットーに、女性の「いつまでもキレイでいたい！」、「痛みなく人生楽しく生きていきたい！」を叶えるべくInstagram（2021年10月現在、約20万人が登録）、YouTubeでセルフケアを発信し活躍中。2021年、オンラインサロンBHT“（Body House Tomoka)”を設立。

instagram：@seitai_tomoka
Twitter：@seitai_tomoka
YouTube：あべ先生のキレイをつくる-Abe Make beautiful-
https://youtube.com/channel/UCfOfwHASuLGlnOOpBOoR4YA

モ デ ル　**小松彩夏**（こまつ・あやか））

1986年7月23日生まれ、岩手県出身。2003年、テレビドラマ『美少女戦士セーラームーン』のセーラーヴィーナス役で脚光を浴び、女優としてデビュー。2004年には「日テレジェニック」に選ばれ、グラビアアイドルとしても活動する。近年は、テレビドラマ『白衣の戦士！』、『ナイトドクター』ほか、ドラマ、CMなどで活躍中。

ホームページ：https://www.ayaka502.com/pages/2687427/home
instagram：@official_ayaka_502/?hl=ja
Twitter：@ayaka_502
YouTube：『こまちゅ～ぶ -小松彩夏 Official Channel-』
https://www.youtube.com/channel/UC_Je8kSRP_Yt3zonWEIE8EQ/

超簡単30秒！
美やせストレッチ&エクササイズ

2021年12月25日　初版第1刷発行

撮　　　影　榎本壯三
編 集 協 力　川合拓郎、酒井理恵
動画撮影&編集　久保木陽介（オフィスラッコ）
デ ザ イ ン　開発社、片岡圭子
イ ラ ス ト　小野崎理香
メ　イ　ク　山本晴香

発 行 人　藤本晃一
発 行 所　株式会社開発社
〒103-0023　東京都中央区日本橋本町1-4-9
フォーラム日本橋8階
TEL.03-5205-0211 FAX.03-5205-2516
印刷・製本　株式会社光邦

Printed in Japan　ISBN 978-4-7591-0169-0